방송 100년사의 개척자들

방송 100년사의 개척자들

초판 발행 2020년 8월 10일

지은이 정용준
펴낸이 박찬익
기획실장 심재진
책임편집 유동근
펴낸곳 패러다임북 **주소** 경기도 하남시 조정대로45 미사센텀비즈 7층 F749호
전화 02)922-1192~3 / 031)792-1193, 1195 **팩스** 02)928-4683 **홈페이지** www.pjbook.com
이메일 pijbook@naver.com **| 등록** 2015년 2월 2일 제2020-000028호

ISBN 979-11-971230-0-9 93070

＊책값은 뒤표지에 있습니다.

본 저서는 '한국방송학회-GS SHOP 2019년도 방송/영상 분야 저술 출판 지원'에 의해 수행되었습니다.

방송 역사를 개척하고 제도를
만든 사람들의 이갸기

방송 100년사의
개척자들

The pioneers
of 100 years of Broadcasting

정용준 지음

패러다임북

서문

운동권 논리에 심취하였던 1980년대를 지나 1990년대에 들어서면서 많은 것이 바뀌었다. 소련이 몰락하면서 맑스 레닌주의가 쇠퇴하고 그람시의 시민사회론이 부각되었다. 민주언론도 '총체적 위기'에 빠졌다. 한겨레신문은 발행부수가 급격하게 떨어졌고, 적자가 가중되었다. 매체혁신운동의 자구책에도 불구하고, 대학신문은 여론주도 기능을 상실하였다. 한때 4-5만부의 유가지를 발행하며 노동자의 이념을 대변하던 〈노동자신문〉이나 〈노동해방문학〉은 폐간되거나 겨우 명맥을 유지하였다. 활발하게 전개되었던 언론사 노조 활동도 정부의 상업방송 구조개편으로 시들해지고 말았다.

이때부터 이상적인 자본주의 타도의 노선을 포기하고, 자본주의 현실 내에서의 대안으로 공영방송을 고민하기 시작하였다. 변화된 지형에서 공영방송의 민주화가 핵심과제였다. 인식의 변화에는 영국의 정치학자 존 킨(John Keane)의 〈The Media and Democracy, 주동황·정용준·최영묵 역, 언론과 민주주의, 나남〉이 큰 역할을 하였다. 존 킨은 시민사회가 국가를 민주화하고, 민주화된 국가제도를 기반으로 시민사회를 발전시키는 '이중적 민주화(double democratization)' 전략을 제시하였다. 이중적 민주화에서 공영방송의 개혁은 핵심적인 전략이었다. 공영방송은 자본주의의 대표적인 이데올로기 기구에서 민주적 미디어 공론장으로 바뀌었다. 국민이 재원을 부담하기 때문에 공영방송은 국영이나 상업방송에 비해 매력적이었다. 박정희, 전두환 군사정권 시절에 공영방송은 '양가죽을 걸친 늑대'였지만, 87년 민주항쟁을 겪으면서 생겨난 공영방송 노조들이 청와대 방송을 부정하고 제작 자율성을 외치면서 민주적인 공영방송이 가능할 것 같았다.

〈1990년대 한국방송구조의 공익성 연구〉라는 박사논문부터 본격적으로 공영방송을 공부한지도 30년 가까운 세월이 흘렀다. 공영방송의 민주적 개혁을 위해 국내외 사례와 역사를 꼼꼼하게 검토하였다. 하지만 적지 않은 시간동안 공영방송에 매달리면서 근본적인 의문이 들었다. 영국의 미디어 정치경제학자들이 1970년대까지 공영방송 BBC를 상업방송과 마찬가지로 비판하다가, 1980년대에 대처주의에 대응하여 BBC를 옹호한 이유가 납득이 되지 않았다. 비판이 옹호로 바뀔 수도 있지만, 이에 대한 합리적인 설명이 뒤따라야 한다. 영국의 정치경제학자와 나의 공영방송 옹호론이 지니는 정당성을 찾을 수 없었다. 니콜라스 간햄(Nicholas Garnham)

과 그레이엄 머독(Graham Murdock)같은 정치경제학자들의 글을 아무리 읽어도 변신의 이유가 잘 납득되지 않았다. 국영방송이나 상업방송에 비해 제도적으로 공영방송이 우월하다는 인식에 대한 거부감마저 들었다. 한국의 공영방송은 아주 잠깐의 시기를 제외하고는, 늘 정치권력에 종속적이었다. 보수정권은 물론이고 진보정권에서도 마찬가지였다. 국민이 공영방송의 주인이었던 적은 없다. 이에 대해 일부 학자들은 한국적 후견주의 때문이며, BBC 같은 선진모델로 개혁해야 한다고 한다. 하지만 이조차 의문이다. 국민을 계몽하고 '요람에서 무덤까지' 복지를 제공하는 영국에서도 국민이 주인 되는 방송은 없었다. 영국은 여전히 잉글랜드가 스코틀랜드, 웨일스, 북아일랜드의 내부 식민지를 착취하고 옥스브리지 출신들이 득세하는 엘리트의 나라이다. 미국의 방송초기에 상업자본이 '공익의 대변자' 역할을 한 것과 같이, 영국의 공영방송도 국가가 '공익의 수호자' 역할을 자임하였다. 상업방송은 물론이고, 공영방송에도 정작 '시민'은 없었다. 어쩌면 '공영과 상업방송'은 이름만 다르고 국가와 자본 유착의 '이란성 쌍둥이'일지도 모르겠다. 공론장에는 '공론장'이 없고, 공영방송에는 '국민'이 없었다.

　나이가 어느 정도 들면서 점차 사람들의 이야기에 관심을 가졌다. 방송역사를 개척하고 제도를 만든 사람들의 이야기가 생동감 있고, 배울 것이 많았다. 얼마 전 방송학회에서 〈BBC 역사를 보는 두 가지 시선: 아사 브리그스와 레이몬드 윌리엄스를 중심으로〉을 발표하면서 토론자의 토론 내용에 충격을 받았다. 방송역사와 문화연구에 일가견이 있는 토론자는 브리그스를 '제도권에 기생하는 쓰레기' 취급을 하고 일방적으로 윌리엄스를 존경하였다. 브리그스는 BBC의 의뢰로 자금과 인력을 지원받으면서 BBC를 긍정적으로 묘사하여 우리식으로 말하면 '어용 또는 친BBC'의 역사학자이다. 하지만 가난한 노동자 계급 출신으로 지역공동체와 노동계급의 삶을 향상시키기 위해 많은 학문적, 실천적 활동을 하였다. 역사학자로서 고향인 요크셔지역의 노동운동을 연구하였고, 노동자를 대상으로 성인교육운동을 하였다. 정부에 영향력을 행사하여 개방대학(우리의 방송통신대학)을 개설하여 총장도 역임하였다. 40년에 걸쳐 집필한 5권의 BBC 역사서는 지금도 방송역사를 공부하는 사람들은 반드시 읽어야 할 필독서이다. 브리그스는 결혼 30분전까지 식장에서 타이핑을 치고, 런던에서 브라이튼으로 가는 기차 안에서도 자료를 읽고 독서에 매진할 정도로 성실하게 살았다.

반대로 BBC와 학계에서 많은 존경을 받았던 공영방송의 개척자 존 리스는 세상에 알려진 것과는 다른 면이 많다. 리스는 사기업 BBC를 공영방송으로 전환하고 보도, 교양, 오락이라는 계몽주의 이념을 전 세계에 전파하였다. 직원이 이혼을 하면 곧바로 파면할 정도로 엄격한 기독교 윤리를 강조하였지만, 정작 본인은 숨겨진 관계가 있었다. 국민들을 교육하고 문명화하는 계몽주의를 강조하였지만, 정작 본인은 히틀러와 무솔리니를 존경하는 전체주의자였음이 사후 일기장을 통해서 드러나기도 하였다. 존 리스라는 존경받는 방송개척자를 비난하고자 함이 아니다. 위대한 공영방송의 인물도 천상에서 내려온 천사가 아니며 제도의 구속을 받으며 현실 속에서 타협을 하는 인간적인 존재라는 것이다. 제도권에 있다고 해서, 반대로 운동권에 있다고 해서 일방적으로 찬양 또는 비난받아서는 안된다. 이념과 외형에 의한 평가에 앞서 개척자들의 남모르는 고민과 땀방울을 먼저 살필 필요가 있다. 역사 및 사람에 대한 평가는 매우 조심해야 하고 선입견은 금물이라는 것이다.

이 책은 공영방송 100주년을 기념하여 공영방송을 개척한 사람들의 이야기를 서술하였다. 공영방송에 대한 대부분의 글들은 딱딱한 공영방송 이념이나 제도만을 나열하고 있어서 살아있는 역사를 담기 힘들다. 이글은 공영방송의 개척자들을 '위대한 영웅'으로 만들고자 하는 것은 아니다. 시대와 구조의 제약을 받기는 하지만, 사람들의 갈등과 타협이 이루어지는 생생한 역사의 현장을 담고 싶었다.

1부는 공영방송을 만든 사람들 이야기로 국내에 어느 정도 알려져 있는 존 리스뿐만 아니라 독일의 브레도프, 이탈리아의 베르나베이도 다루었다. BBC가 공영방송의 전형이긴 하지만, 이와는 다른 형태로 독일의 브레도프를 주목하였다. 바이마르 공화국 시절 보수적인 방송사 사장이었지만, 나치의 박해를 견디면서 전후의 독일공영방송을 새롭게 만들었다. 브레도프가 제안하고 군정이 수용하여 채택된 방송평의회 모델은 리스의 엘리트주의와 다른 직접 민주주의를 구현하였다. 이탈리아의 베르나베이는 한국적 상황과 유사하다. 그는 무솔리니의 파시즘과 기민당 독재라는 권위주의적 정치상황이라는 한계 속에서 나름대로 공영방송의 계몽적 역할을 수행하고자 하는 개척자의 모습을 보여준다. 휴 그린은 리스의 엘리트주의를 극복하고 BBC를 국민에게 되돌려준 1960년대의

BBC 사장이다. 그는 이차대전후 독일 공영방송 NWDR의 사장을 역임하면서 독일인들 스스로 공영방송을 개척할 수 있도록 도와준 사람이다. 일본이 한국에 일본화를 강요하면서 강제로 경성방송을 운영하였던 것과 대비된다. 마지막으로 공영방송은 아니지만, 초창기 방송에 지대한 영향을 미쳤던 미국 NBC의 사장 데이비드 사르노프와 당시 상무부 장관이자 나중에 대통령이 된 후버를 다루었다. 이들은 상업방송과 대기업, 군부의 막강한 영향력 아래 있던 방송을 그나마 공익적으로 운영하기 위해 많은 노력을 한 사람들이다.

제2부는 방송역사 연구를 개척한 사람들의 이야기이다. 아사 브리그스는 BBC의 공식역사가 또는 친BBC 학자라는 타이틀을 달고 있지만, 나름대로 BBC로부터 독립성을 유지하고 역사적 사실 위주로 방송사를 서술한 사람이다. 필자의 주목을 끈 것은 그가 미디어 학자가 아니라 역사학자라는 사실이다. 그는 잘 나가는 역사학자로 대중미디어 따위를 연구하느냐 하는 주변의 비난에도 불구하고, 미디어가 정치사회경제 연구의 핵심이라는 주장을 하였다. 필자가 좋아하는 영국의 미디어 학자 제임스 커런은 미디어 연구의 맹점을 '미디어에 초점을 맞추어 나머지를 암흑에 두는 것'이라고 하였다. 브리그스는 역사학자로 미디어와 사회의 관계를 적절하게 구성하고 사회문화사를 지향하였다. 사실 위주의 역사서술과 물 흐르듯 무난한 문체는 지금까지도 미디어 역사서의 전형을 보여준다. 아주 오랫동안 그가 저술한 방송역사서 5권을 읽었지만, 단 한 자의 오탈자도 발견하지 못하였다.

비슷한 시기에 브리그스의 반대편에서 BBC를 서술한 사람이 레이몬드 윌리엄스이다. 윌리엄스는 커뮤니케이션을 평범한 사람들에게 돌려준 사람이다. 미디어 학자들이 엘리트의 입장에서 대중을 조작하는 매스 커뮤니케이션을 다룬 것과는 달리 윌리엄스는 커뮤니케이션이 정치경제 자체이며, 평범한 사람들의 일상이라고 주장하였다. 이는 커뮤니케이션 연구를 부차적인 것, 혹은 하찮은 것으로 다루었던 역사학계, 정치학계, 사회학계를 정면으로 부정한 것이다. 또한 잉글랜드 중심의 억압의 역사를 웨일스, 스코틀랜드, 북아일랜드의 억압받는 자들의 입장에서 미디어 문제를 제시하였다. 윌리엄스는 제도권과 학계의 바깥에서 일체 외부의 지원을 받지 않고 외롭게 커뮤니케이션을 연구한 사람이다. 아사 브리그스와 레이몬드 윌리엄스는 비슷한 시기에 정반대의 사회적 환경에서 미디어에 주목한 당대의 석학이라는 점에서 흥미롭다. 마지막으로 미국 방송연구를 개척한 에릭 바르누이다. 그는 1930년대 라디오 시대와 1960년대 TV의 시대에 방송현장에서 극본을 쓰고, 감독을 한 경험을 토대로 콜롬비아 대학에서 교수생활을 하였다. 그의 방송사 연구 3권에는 방송현장의 역사적 경험이 녹아 있다. 그는 오랫동안 장수하면서 죽는 날까지 책을 서술한 방송인 겸 방송역사 연구자이다.

막상 원고를 마칠 때가 되면 처음의 의욕과는 달리 무엇을 하였나 하는 후회감이 밀려온다. 시작은 창대하였으나, 끝은 초라하기 그지없다. 참고할만한 자료도 별로 없고, 겨우겨우 찾은 자료들도 공백이 많아서 허술하기 짝이 없다. 전문가 외에는 거의 찾는 이 없는 사회과학 연구서를 숱한 날밤을 새면서 저술하는 것에 회의가 들기도 한다. 거대한 돌덩이를 짊어지고 바위산을 올라가지만, 그 돌은 다시 내려오고, 다시 지고 올라가야 하는 작업을 끝없이 반복한다. 일상이 고되고 좌절의 연속이지만, 시지프스의 마음에 희망이라는 두 단어가 있어 버틸 수 있었을 것이다. 필자 또한 비슷한 심정이다. 은사이신 이상희 선생님이 지금의 내 나이 때에 '주머니를 가볍게 하고, 입을 무겁게 하라'는 말씀이 떠오른다. 이와는 정반대로 살아 온 것 같아 부끄럽기 짝이 없다. 최근에 개인적인 어려움을 겪으면서 많이 힘들었다. 어디에 하소연할 때 없는 나에게 '10년 술친구'는 많은 위로가 되었다. 이 자리를 빌려 고마움을 표하고 싶다. 이 책은 한국방송학회와 GS SHOP이 진행하였던 저술공모사업이 계기가 되었다. 저술지원을 해주신 GS와 한국방송학회에 감사하다는 뜻을 전한다. 박이정 출판사의 박찬익 대표님, 심재진 실장님에게 '한마디로 돈이 안되는' 서적을 출판해준 고마움을 전하고 싶다. 코로나 위기 속에서 대학입시를 준비하느라 고생한 아들 우빈과 아들을 뒷바라지하느라 지친 아내 유진에게도 따듯한 마음의 정을 전한다.

목차

제1부

방송사의 개척자들

존 리스(John Reith)

허버트 후버(Herbert Hoover)

데이비드 사르노프(David Sarnoff)

한스 브레도프(Hans Bredow)

에토레 베르나베이(Ettore Bernabei)

휴 그린(Hugh Carleton Greene)

1장   세계적인 공영방송의 모범,
                                     BBC의 존 리스

공영방송의 아버지, 존 리스(John Reith, 1889–1971)

공영방송제도는 국가의 방송통제와 상업적 선정주의에서 벗어나
시청자들을 계몽하는 '20세기 최고의 문화유산'이다. BBC에서 비
롯된 공영방송의 이념과 제도는 영국을 넘어서 세계적인 모범이
되었다(강형철, 2010). 상업방송으로 시작한 BBC가 공영방송으로 바
뀐 것은 존 리스의 역할이 결정적이다. BBC가 리스이며, 리스가 곧
BBC라고 할 정도이다. 리스는 공사(public corporation)가 공공서비
스의 이상을 추구하는 데 적합한 자유와 독립성을 부여한다고 생
각하였다. 하지만, 공영방송(public service broadcasting) 이념을 제시
한 사람은 미국의 상업방송 NBC의 초대사장인 데이비드 사르노프
(David Sarnoff)이다. 그는 1922년에 '방송은 국민을 즐겁게 하고, 필

요한 정보를 제공하며 교육하는 공공서비스'라고 하였다. 공영방송 이념을 제시한 것은 NBC의 사르노프이지만, 제도적으로 실현한 것은 BBC의 존 리스였다(McDonnell, 1991).

사기업 BBC가 순조롭게 공영방송으로 전환한 것은 아니다. BBC는 상업방송 시절에도 수신료로 운영되었다. 하지만, 청취자들이 집에서 라디오 수신기를 만들어 수신료를 내지 않으면서 BBC는 재정적인 어려움을 겪었다. 또한 1926년 총파업에서 강경한 탄압을 주장하던 윈스턴 처칠은 BBC를 국영방송으로 전환하여 정부의 매체로 활용하고자 하였다. 리스는 이러한 정치적, 재정적 어려움을 극복하고 BBC를 공영방송으로 전환하였다(Briggs, 1961). 엔지니어 출신인 리스가 1922년 BBC에 입사할 때만 해도 방송에 대해서는 전혀 아는 바가 없었지만, 조지 V세의 방송연설, 방송망 확충 등 많은 업적을 이루었다. 초창기 영국방송의 골격을 만들었던 사이크스 위원회에 BBC의 대표자격으로 참여하여 위원회를 주도하고, 크로포드 위원회에서도 공영방송 BBC로의 전환을 주장하였다. 존 리스는 BBC를 영국뿐만 아니라 세계적인 공영방송의 모범으로 만들었다.

리스의 공영방송 전환 전략

스코틀랜드 장로교 목사의 5남 2녀 중 막내로 태어난 리스는 글래스고우 중고등학교(The Glasgow Academy)와 전문학교를 졸업하고 엔지니어 견습생으로 사회생활을 시작하였다. 1차 대전 때 프랑스에 기병으로 갔다가 부상을 당하였으며, 이후 미국에서 영국으로 오는 군수물자 계약을 담당하였다. 미국에서 체류한 18개월 기간 동안 록펠러를 비롯한 저명인사들을 만나고, 상이군인으로 1차 대전의 의미를 알리는 강연을 여러 대학에서 하였다. 전후 글래스고우 비어드모어(Beardmore)의 엔지니어 회사에서 매니저로 일하고, 정치인들과도 교분을 쌓았다. 1922년 런던에서 보수당 의원 윌리엄 불(William Bull)의 비서를 하였다. 그는 1922년 말에 33세의 나이로 BBC의 총국장(General Manager)으로 입사하였다.

리스는 방송을 모르는 상태에서 '최고의 자질을 가진 사람'이라는 신문광고문구를 보고 BBC 최고경영진에 지원하였다. 1922년 12월 연봉 2,000파운드에 BBC 총국장으로 임명되었다. 공영방송 전환을 주도하고, 1927년에서 1938년까지 영국방송협회(BBC)의 사장을 역임하였다. 1938년 리스가 BBC를 그만둘 때 누구도 그 이유를 정확하게 설명하지 못하였다. 보일(Boyle, 1972)은 내각의 구성원이었던 노르만(BBC 경영위원장 Norman의 형제) 경이 체임벌린 수상 및 다른 내각 구성원들과 함께 쫓아내었다고 한다. 하지만, 찰스 스튜어트(Charles Stuart)는 이 음모이론이 설득력이 없다고 하였다. 아사 브리그스(Briggs, 1985)는 앤드류 보일의 음모론을 지지하지만, 특별한 증거를 발견하지 못하였다고 한다(Leishman, 2006/2008; McIntyre, 1993).

표1 | 존 리스의 개인 이력

연도	이력
1889. 7. 20.	스코틀랜드 스톤헤이번 출생 / 글래스고우에서 자람
1921	남부 잉글랜드 지역인 브라이튼 인근에서 오드햄스(Muriel Odhams)와 결혼
1922~1926	상업방송 BBC의 총국장
1927~1938	-공영방송, 영국방송협회(BBC) 사장 -1929년 첫 번째 전기인 〈Into the Wind〉 출간
1938~1939	임페리얼 항공사 사장
1939~1940	브리티시에어웨이스(BOAC) 초대 회장
1940~1944	-정보부와 노동부 장관 -사우스햄프턴 국회의원 -남작(男爵)이 됨
1946~1950	-영연방전기통신위원회 회장 -영화재정지원공사(National Film Finance Corporation, NFFC) 의장
1950~1959	식민지개발공사 사장
1967	스코틀랜드 교회 총회의 최고위원
1965~1968	글래스고우 대학교 이사
1971	사망

BBC를 그만둔 리스는 항공회사(임페리얼 항공사로 1939년에 국유화 되면서 영국해외항공, 지금의 영국항공으로 바뀜) 사장으로 취임하였다. 리스는 1940년에 BBC에 기여한 공로로 남작이 되었으며, 2차 대전 시기에 정보부, 교통부와 노동부 장관을 지내기도 하였다. 처칠 수상이 집권하면서 평소 사이가 좋지 않았던 리스가 활약하는 것을 원하지 않았다. 리스가 BBC 사장으로 재임하던 시절에 처칠은 재무부 장관으로 BBC를 국영화하자는 급진파였다. 리스는 처칠을 사기꾼, 위험한 존재, 괴벽을 가진 이기주의자로 비난한 반면, 처칠

은 리스가 독일에 대한 경고를 하는 처칠의 방송을 막은 것을 비난하였다. 처칠은 나중에 BBC를 '좋은 일보다는 악한 일을 하는 집안의 적'으로 규정하였다(McIntyre, 1993). 처칠은 리스가 거부할 수 없는 명목상의 지위(교통부와 노동부 장관)를 부여하는 방법으로 요직인 정보부 장관에서 해임하였다(Marico & Tetsuya, 2011). 전쟁 뒤에는 새로 생긴 연방통신위원회 회장으로 연방유무선 체계를 개편하고, 식민지개발공사총재도 역임하였다. 1965~68년에는 글래스고우 대학교 이사로, 1967~68년에 스코틀랜드 교회 총회의 최고위원을 하였으며 1971년에 사망하였다. 1971년 〈데일리 텔레그라프 Daily Telegraph〉는 '엄격한 도덕과 용기, 분노와 때때로 흉포함까지 가진 거대한 곰 같은 사람'이라고 부고기사를 내었다. 그에게 붙여진 비공식적 별명은 'BBC의 짜르', '폭풍의 언덕(Wuthering Heights)', '1과 1/2의 사람(A Man and a half)' 등이다(Briggs, 1991).

BBC가 1920년대 말에 공영방송으로 전환한 것은 리스의 개인적 역할뿐만 아니라 시대적인 영향도 매우 컸다. 1차 대전 기간에 건강, 보험, 석탄과 식료품을 중앙통제 하였고, 전후에도 이 전통은 지속되었다. 1919년 삼림위원회는 목재의 부족이 심각해지면서 공사를 통한 자원 운용이 최선의 방법으로 생각되었다. 1926년에는 전기위원회가 발족하였고, BBC도 공사로 전환되었다(박인규, 2002, 43쪽). 1920년대는 정치적으로도 혼란스러운 시기였다. 1921년에 광부파업이 일어났고, 정부는 비상조치법(Emergency Powers Act)을 통하여 무력으로 파업을 진압했다. 영국정부는 1917년 러시아 혁명과 독일과 헝가리 소요사태 등으로 정치적으로 민감하였다. 러시아와 독일 혁명가들은 라디오를 선전 매체로 활용하자, 영국 정부는 라디오의 특정 주파수를 통제하여 외국방송의 불온한 사상을 듣지 못하게 하였다. 영국 정부는 신문, 잡지와는 달리 라디오를 효율적으로 통제하는 방안을 고민하였고, 대안이 국가가 BBC를 관할하지만, 직접적인 통제로부터 자유로운 방식이었다. 리스는 정부의 라디오 정책을 반영하여 BBC를 강력한 중앙독점으로 운영하였다. BBC는 사기업과 공공통제를 결합하는 본보기가 되었다(Hood & O'Leary, 1990).

또한 공영방송 BBC는 빅토리아시대 계몽주의의 유산이다. 빅토리아 시대에 새롭게 등장한 신흥관료계층은 사회적 세력관계의 변화를 원하지 않았으며 하층계급에 대한 중간계급의 우위를 유지하려고 하였다. 이들은 하층계급에 대한 지속적인 지배를 위하여 부를 재분배하였다. 공공서비스 제도는 하층계급의 불만을 해소하고 중간계층의 가치를 전파하는 데에 이용되었다. 리스는 방송의 교육 기능을 통하여 대중을 선도한다는 신념을 가지고 있었으며 정부와 여론의 지지를 받았다. 방송의 계몽적, 교육적 기능은 문화 비평가인 매튜 아놀드(Matthew Arnold)로부터 유래하였다. 그는 국가가 국익 차원에서 문화의 후견인으로 그 권위를 사용해야 한다고 주장하였다. 그는 문화를 사회 계급들의 갈등과 적대관계를 완화하는 수단으로 보았다. 노동자계급을 기존의 사회적, 정치적 질서로 편입시키며, 아래로부터의 변혁의 움직임을 차단하고자 하였다. 국가가 문화의 영역에 개입해야 한다는 생각은 방송이 시작되는 1920년대에 광범한 지지를 얻고 있었다. 따라서 BBC는 처음부터 국가로부터 권위를 부여 받아 국가의 이익을 옹호하는 입장에서 방송을 하였다(김대호, 1995).

또한 기독교 배경이 리스의 공영방송 이념에 많은 영향을 미쳤다. 자신이 BBC 사장이 된 것은 신의 뜻을 이루기 위한 도구이고, BBC를 도덕적, 문화적 사명을 지닌 공기업으로 간주했다. 그는 'BBC를 국가교회로 생각하였고, 그 자신은 교황이나 심지어 메시아로 간주하였다(the BBC as a national church in which he was Pope or even Messiah)고 한다(Hood, 1989; McDonnell, 1991). 일요일에는 종교 예배와 관련 프로그램으로 채워져 '리스의 일요일 Reith's Sunday'이라는 말이 생겨났을 정도였다. 그는 프로그램 내용에 대해 검열하고 직원들의 행동에 제약을 가하였다. 그는 출연진에게 주제에 대한 엄격한 선택을 강요하고, 직원이 이혼하면 사직하도록 요구하였다. 하지만 정작 자신은 숨겨진 관계가 있었다는 이야기도 있었다(McIntyre, 1993). 리스의 공영방송이념은 1차 대전으로 인한 중앙통제체제의 유지, 방송을 계몽주의적 교육도구로 보는 엘리트주의와 기독교 이념이 작용하였다. 리스가 직원들에게 독재적이고 경영위원들과 마찰을 빚을 정도로 독선적이며 엘리트 가부장주의에 빠져 있다는 비판을 받는 것은 사실이지만, 상업방송 BBC를 공영방송을 전환시킨 것은 어느 누구도 부정하기 어려운 업적이다.

피터 에크슬리와의 협력과 갈등

존 리스와 함께 초창기 BBC에 기여한 사람이 피터 에크슬리(Peter Eckersley, 1892-1963) 기술국장이다. 에크슬리는 1923년 2월에 BBC 기술부장으로 입사하여 1929년까지 기술 국장으로 재직했다. 그는 1892년 멕시코 프에블라(Puebla)에서 태어났고 그의 형은 물리학자 토마스 에크슬리(Thomas Eckersley)이며, 사촌형이 〈멋진 신세계 Brave New World〉로 유명한 알더스 헉슬리(Aldous Huxley)이다. 그는 영국 최초의 라디오방송국인 2MT의 엔지니어이면서 시를 암송하고 노래하는 아나운서였다. 이 방송국은 마르코니가 에섹스의 리틀(Writtle, near Chelmsford, Essex)에 조성한 무선전신시설이다. 에크슬리는 BBC 초창기에 리스의 전폭적인 지원으로 전국방송망을 확충하고 지역방송계획을 수립히였지만, 후반기에는 리스의 BBC 무선방송독점을 반대하고 중계유선방송을 통한 경쟁체제와 지역분권주의를 주장하였다. 에크슬리는 별거중인 유부녀 돌리 클락(Dolly Clark)과 사랑에 빠져 1929년 리스에 의해 해고되었다. 해고의 표면적인 이유는 엄격한 종교적 윤리를 강요하는 BBC의 문화에서 유부녀와 불륜을 저질렀다는 것이었으나, 실질적으로는 리스의 정책에 대해 반대하였기 때문이다.[1]

초창기 BBC에서 리스와 에크슬리는 협력적인 관계였다. BBC가 1922년 11월에 서비스를 시작할 때에 마르코니 회사가 런던방송국을, 메트로 빅스 회사가 맨체스터 방송국을, 웨스턴 일렉트릭이 버밍햄 방송국을 운영하였다. 런던, 맨체스터, 버밍햄의 기존 방송국에 뉴캐슬, 카디프, 글래스고우, 아버딘, 본머스와 벨파스트 방송국이 1년 이내에 설립되었다. 9개의 방송국들은 독자적으로 매일 6시간의 방송을 하였지만 수신범위(반경 15에서 20마일)는 제한되었다. 이를 보완하기 위해 1924년에서 1925년 사이에 중계국(Relay Station)들이 쉐필드, 플리머스, 에딘버러, 리버풀, 리즈-브래드포드, 헐, 노팅햄, 던디, 스톡온트랜트와 스완지에 설립되었다. 하지만 중계국들은 가까운 메인방송국이 아니라 체신부의 전화선을 통하여 런던의 방송국과 연결되었다. 중계국들은 가까운 방송국들과 전화로 연결하려고 하였으나, 지역 도시간의 경쟁 심리로 인해 런던과 연결하였다. 쉐필드는 가까운 맨체스터와 연결하는 것이 합리적이지만, 경쟁관계에 있던 쉐필드는 자체 프로그램과 일부 런던프로그램을 원하였다. 하지만 쉐필드는 자체 프로그램을 제작하지 못하여 거의 런던프로그램으로 채워졌다.

BBC가 정규 방송을 시작하면서 1년 이내에 9개 지방방송국과

---

1   에크슬리의 부인은 이 사실을 몰랐다가 리스의 부인이 알려주었으며, 이 문제를 다루기 위해 주교회의까지 소집되었다. 이에 에크슬리는 다시 본부인에게 돌아갔다가 1929년에 회사를 사직하면서 돌리와 재결합하였다. 이 사건은 BBC 전 직원의 불륜여부를 조사하는 계기가 되었다. 하지만 그녀는 나치 첩자였으며, 에크슬리로부터 전송기를 받아서 독일로 빼돌렸다. 에크슬리는 대륙에서 영국으로 방송하는 방송국(IBC)을 설립하였다. 리스가 일요일에 가벼운 오락프로그램을 BBC에서 방송하는 것을 금지하였지만, IBC는 이를 이용하여 1938년까지 일요일 청취자의 80% 가량을 획득하였다. 에크슬리는 우체국의 전화선이 아닌 케이블망을 이용하여 방송하는 방안을 찾고 있었으나, 히틀러가 전송기를 접수하면서 중단되었다. 1937년부터 에크슬리는 MI6를 위해 나치 독일에 대항하는 선전활동을 하였다. 에크슬리는 MI6에서 활동하였지만, 부인인 돌리는 독일군 선전활동을 하여 1년간 감옥 생활을 하였다. ⟨https://en.wikipedia.org/wiki/Peter_Eckersley_(engineer)⟩.

10개의 중계소가 설립되고 지역단위에서 제작된 지역 프로그램 위주로 BBC가 운영되었다. 초창기 BBC는 주요 방송국들이 중계방송국에 프로그램을 공급하고, 런던은 특별한 이벤트가 있을 때에 공급하는 체제였다. 지역위주의 분권화된 방송체제에서 일부 런던의 오락과 문화 프로그램을 받아들이는 것이었다. 런던은 다른 방송국보다 우월하거나 지배하지 않았다. 주요 방송국들은 각각의 제작역량을 가지고 경쟁하였다. 이처럼 BBC는 지역방송 위주로 설립되었지만, 급격하게 변하였다. 리스는 지역방송들을 폐쇄하고 런던에서 제작한 전국프로그램과 미들랜드, 북부, 남부, 서부와 스코틀랜드 지역의 5개 제작센터(웨일즈와 북부아일랜드는 나중에 설립됨) 프로그램을 방송하였다. 1930년에 본머스, 헐, 리버풀, 리즈-브래드포드, 쉐필드, 스톡온트랜드와 스완지방송국이 폐쇄되었다. 하지만 쉐필드 방송국은 리스에게 편지를 보내 강제폐쇄는 지역의 엄청난 저항을 받게 될 것이라고 경고하였다. 쉐필드 지역의 자치단체, 지역상공회의소 등이 체신부에 항의하였고, 리스는 '방송국이 문을 닫아도 스튜디오가 지역음악 등을 방송할 수 있다'고 무마하였다. 쉐필드 방송국은 결국 문을 닫고 말았다(Scannell & Cardiff, 1991).

웨일스의 첫 라디오 방송은 1923년 2월 카디프에서 시작되었다. 이미 웨일스 시청자들은 맨체스터와 버밍햄으로부터 라디오 전파를 수신할 수 있었다. 카디프 시장은 최초의 웨일스 라디오방송에 대해 '최고의 문화가 가장 가난한 땅에 전파되었다'고 하였다. 웨일스 방송은 런던중심 방송 체제의 한 요소였으며, 웨일스 사람들에게는 실망을 주었다. 처음에는 영어로 방송되는 어린이물, 대담, 뉴스와 음악 등을 저녁에 3시간씩 방송하였다. 웨일스어로 방송하려는 압력 집단들의 노력이 거의 반영되지 못하였다. 웨일스 동부 쪽은 방송전파가 겹쳐져서 카디프 방송보다 런던방송의 수신음질이 깨끗하였다. 초창기 방송의 가장 큰 문제는 수신 문제였다. 1925년에 스완지(Swansea)에 중계국을 설립하여 웨일스 남부와 남동부지역을 커버하였는데, 카디프 방송보다는 런던 방송을 주로 중계하였다. 이는 정치적으로 지자체 간의 경쟁 때문이었다.

중앙체제에서의 지역방송은 런던방송국과 5개 지역 센터(중부, 북부, 스코틀랜드, 남동부와 서부(웨일스 소속)의 지역프로그램으로 구성되었다. 이는 크리셀(Crisell, 1997)의 표현에 의하면 '초기 방송의 지역적 기초를 파괴'하는 것이었다. 그 결과 서부 지역에 속하는 웨일스 수용자들은 전혀 만족하지 못하였다. 1927년 웨일스 교육위원회는 "무선방송은 영국을 잉글랜드화 시키고 있다. 현재 BBC의 정책은 웨일스 언어에 심각한 위협이 되고 있다."고 하였다(Medhurst, 2008). 스캐널과 카디프(Scannell. & Cardiff, 1991)는 '지역서비스 계획은 '대도시문화가 지역문화보다 우월하다는 전제'에서 출발하여 사람, 지역과 문화적 특성을 고려하기 보다는 행정적이고, 기술적이며, 경제적으로 결정되었다'고 하였다. 초창기에 라디오는 집단 수신이 일반적이었는데, 수신기 가격이 비싸기 때문이다. 웨일스에서는 여러 곳에서 수신하기 위하여 '라디오 길드'가 조직되었다. 수신기 가격이 점차 내려가고 1930년대에 수신기 면허가 증가하면서 집단시청이 점차 사라졌다. 또한 초기 특징 중의 하나는 카디프 제작 방송물이 점차 줄어들었다는 것이다. 영국의 다른 지역 방송국들과 마찬가지로 카디프 방송국들도 런던출신의 방송인을 우선하게끔 강요받았다. 이에 웨일스 지역에서는 웨일스어 전용 방송국 설립과 웨일스어 프로그램 증가를 요구하는 노력이 진행되었다. 1920년대 말과 1930년대에 걸쳐 웨일스 정당, 시평의회, 웨일스 대학을 중심으로 저항이 지속되었다(Barlow, D., Mitchell, P. & O'Malley, T. 2005).

에크슬리는 BBC 초창기에 리스의 전폭적인 지원으로 두 채널을 동시에 선택할 수 있는 고출력 전국방송망을 구축하였다. 5개 지역의 중계기들은 두개의 프로그램(첫째는 지역프로그램, 둘째는 전국 프로그램)을 방송하도록 계획되었다. 에크슬리는 하나는 다수, 다른 채널은 소수자들을 위해 방송채널을 사용하는 것을 염두에 두었다. 다른 간부들은 내안 채널이 필요 없다고 하였을 때에 리스는 에크슬리의 계획에 찬동하였다. 지역채널을 포함한 두개 채널을 운영하는 것에 대해 체신부와 군대도 반대하였다(Briggs, 1965). 1925년에 강력한 송출기가 등장하면서 두 개의 전국프로그램을 전송하는 전국적인 방송망이 구축되었다. 당시 기술국장인 에크슬리(Ecksley)가 개발한 동시방송체제(Simultaneous Broadcasts, SBs)는 전화국의 유선으로 연결하는 것이었는데, 런던방송국이 핵심역할을 하였다. 1923년에 일주일중 이틀 저녁은 런던에서 모든 방송국에 프로그램을 직접 공급하는 원칙이 수립되었는데, 이는 나중에 런던중심의 방송체제로 확대되었다. 공영방송으로 바뀌면서 기술적, 조직적, 문화적, 지리적 중앙화가 강조되었다.

리스는 BBC의 강력한 중앙집중화 필요성을 강조하였다. 1923년에 리스는 사이크스 위원회에 방송에 대한 단일한 정책의 필요성을 역설하였다. 리스는 카펜데일(Carpendale) 해군제독을 부사장으로 임명하였다. 사람들을 다루는 데에 능숙하고, 체계적인 카펜데일은 청교도적이고 야심이 있는 리스를 보완하기에 적합했다. 카펜데일은 런던 중심의 방송통제체제를 만들었다. 그는 런던의 본부에 있는 자신과 몇몇 간부들이 전국의 방송국들을 통솔해야 한다고 생각했다. 본부의 경영진들이 정기적으로 지역방송국들을 순회하면서 감시하고 통제해야 한다고 하였다. 이는 런던방송국부터 적용되었다. 프로그램 편성계획안이 본부에 제출되어 리스와 국장들이 정기적으로 회의를 통해 검토하였다. 1924년에는 리스와 4인의 본부 국장들로 통제위원회가 꾸려졌다. 정책통제국(Policy Control Board)은 리스가 위원장, 카펜데일이 통제자, 그리고 세 명의 보조통제자로 구성되었다(Scannell & Cardiff, 1991.).

존 리스의 중앙독점정책은 유선중계방송(relay exchange)의 발전을 철저하게 탄압한 것에서 잘 나타난다. 영국에서 유선방송은 1924년 햄프셔(Hampshire) 지역의 사우스햄프턴 근처에 6,000가구 정도 거주하는 히스(Hythe)지역에서 시작되었다. 히스에서 전파상과 지역영화관을 운영하는 마톤(Maton)은 라디오에 관심을 가지고 직접 수신기를 만들었다. 아내가 집의 다른 곳에서 라디오를 들을 수 있도록 유선으로 스피커와 연결하였다. 이 실험이 성공하면서 더욱 먼 거리에서 들을 수 있도록 하였다. 집의 후원에서 반마일 정도의 거리에 유선으로 연결하고 끝에 스피커를 붙이면 출력의 저하 없이 방송을 들을 수 있고, 여러 대의 스피커도 부착할 수 있었다. 친구들에게 유선으로 연결하면서 라디오 수신기 없이도 방송을 들을 수 있다는 것을 알았다. 상업적으로 활용하면서 1주일에 1실링 6페니 징수하여 가입자를 늘려 나갔다. 마톤의 유선중계(relay exchange) 방송은 1926년 8월에 20명의 가입자를 모았고, 1941년에 노동력과 물자 부족으로 문을 닫았다. 가입자가 150명 이상을 넘은 적은 없지만, 인구밀도가 낮은 지역을 커버하였다. 마톤은 150명의 가입자를 위하여 10마일의 광범한 지역을 포괄하였다. 마톤의 중계유선방송은 사우스햄프턴(Southampton) 우체국으로부터 가입자들이 수신료를 낸다는 조건으로 허가를 받았다. 지역 우체국의 허가가 이루어진 당시에는 앞으로의 일을 예견하지 못하였다. 다른 지역에서 이와 유사한 유선중계가 인기를 끌어 1929년 12월에는 34개의 중계유선방송에 8,592명의 가입자를 모았다.

당시 BBC 기술국장 에크슬리(Eckersley)는 방송의 미래는 무선라디오(wireless)가 아니라 유선에 의한 무선 전파(wire wireless)에 있다고 하였다. 무선라디오는 주파수 부족과 간섭으로 소수의 프로그램만이 가능하므로, 유선에 의한 많은 프로그램의 동시방송을 주장하였다. 이에 에크슬리는 BBC에 중계유선기술을 이용할 것을 제안하였다. 그가 중계유선방송이 발전하기를 원하는 이유가 있다. ① 가입자 가구의 중계 유선을 통한 커다란 스피커가 무선라디오보다 작동이 쉽다. 작동 오류가 별반 없으며, 문제가 있더라도 기사들이 손쉽게 고쳐준다. ② 비싼 비용의 무선 라디오를 구입하는 것보다 매주 적은 비용을 지출하는 것이 이익이다. ③ 주파수 간섭이 심한 지역에서는 정상적인 수신이 어려워 중계 유선이 효율적이다. ④ 중계유선방송은 일반 라디오에서 수신이 어려운 외국방송국의 프로그램을 수신할 수 있다. 중계유선방송은 두 가지 프로그램 중에서 선택해야 하는 단점이 있지만, 일반 수신기도 깨끗하게 들을 수 있는 것은 두 개에 불과하였기 때문에 커다란 불만은 없었다. 1931년에는 중계 유선서비스가 이루어지지 않는 지역에서 중계유선방송국이 설립되면서 가입자 수가 급격하게 늘어났다.

하지만 라디오수신기 제조업체조합, 신문과 BBC는 중계유선방송의 발전을 바라지 않았다. 라디오수신기 제조업체조합은 중계유선을 라디오 판매를 저하시키는 경쟁자로 보았다. 이들은 지역에서 중계 유선에 허가를 주는 것을 반대하였다. 신문과 뉴스대행사들은 해외 방송 프로그램의 광고 때문에 반대하였다. 신문협회 회장인 일리페(Iliffe)경은 1935년 협회정기총회에서 "우리는 체신부로부터 허가 받은 중계 유선이 급속하게 성장하고 있는데, 이들은 광고에 의존하는 해외방송물을 중계하여 엄격하게 광고를 금지하는 BBC를 위협하고 있다"고 하였다. BBC는 중계 유선이 BBC의 프로그램 독점원칙을 파괴하고 있다고 하였다. 이들이 규모가 작을 때에는 커다란 위협이 되지 않았지만, 대규모 자본에 의하여 가입자가 10만을 확보한 중계유선방송이 생기면서 '작은 BBC'가 되어 버렸다. 대규모 자본에 의해 여러 개의 중계 유선이 통제되고 방송국들의 시간을 구매하여 해외에서 자체 프로그램을 제작할 가능성도 있다는 것이다. 에크슬리는 BBC에 중계유선기술을 이용할 것을 제안하였지만, 리스로부터 거절당하였다. 당시 BBC는 무선통신자본에 의해 운영되었고 무선라디오 시장을 창출하고자 하였다. 따라서 유선중계사업은 이 시장을 실패하게 할 수 있다는 것이다. 1932년 말에 중계 유선방송에 대해 법규가 아니라 체신부 정책으로 규제를 하였다. ① 체신부 장관은 특정 방송국에 의해 전송되는 프로그램에 대해 금지할 수 있는 권한을 가지고 있다. ② 중계 유선방송이 해외의 정치적, 논쟁적 프로그램을 배포하는 것을 금지하였다. ③ 중계 유선방송은 해외방송 광고 대가로 돈을 받는 것을 금지하고 있다. ④ 인구 20만 지역에서 개별 중계유선은 최대 10만을 넘지 못한다(Coase, 1948).

존 리스는 BBC의 프로그램 독점으로 높은 질을 유지할 수 있으며, 독립적인 중계유선방송이 걸림돌이 된다는 것이다. 존 리스는 울스워터(Ullswater) 위원회를 설득하여 동조를 얻어내고, 의회와 신문에 직극적으로 로비하였다. 뿐만 아니라 존 리스는 체신부를 움직여 1930년에 중계유선방송이 그들 자신의 프로그램(original programme)을 방송하지 못하도록 하여 BBC의 프로그램 독점에 위협이 되는 것을 막았다. 또한 중계유선방송이 BBC가 아닌 다른 방송의 프로그램들을 선택하는 것을 규제하고, 중계유선의 발전을 막기 위해 강제매각조치를 실시하여 중계유선의 발전을 막았다. 코스(Coase, 1948)는 독립적인 중계유선방송을 허용하면 경쟁체제를 통하여 청취자들에게 다양한 선택과 분권화된 방송모델이 가능하였을 것으로 판단하였다. 울스워터 위원회(Ullswater Committee, 1935)도 중계유선기술이 청취자들에게 편리성과 접근성, 주파수 문제 해결 등 많은 장점과 잠재력이 있는 것을 인정하면서도 BBC의 프로그램 독점을 지지하였다. 하지만 코스의 독점비판에 대해 시튼(Seaton, 2015)은 당시의 사정에 대해 몰라서 하는 이야기라고 비판하였다. 코스는 훌륭한 경제학자일수는 있지만, 나쁜 역사가라고 비판하였다. 그는 1930년대의 복잡한 사정을 고민하지 않았다. 케이블회사가 문을 닫고 BBC가 독점을 유지한 것은 상업적 동기와는 관계가 없으며 오히려 2차 대전 중에 영국 내 파시스트 연합의 리더인 오스왈드 모슬리(Oswald Mosley)가 두 개의 케이블 회사를 가졌다는 것과 관계가 깊다는 것이다.

'겉과 속'이 다른 리스의 불편부당성 이념

방송전문가(Curran, 1991a; Porter & Hasselbach, 1991; Scannell, 1990)들은 공영방송이념이 가부장적 엘리트주의라는 단점에도 불구하고, 자본과 국가의 직접적인 통제로부터 벗어나 방송의 독립성을 보장하였다는 것을 가장 높은 업적으로 평가하고 있다. 정부와 거리를 두고 논쟁적인 쟁점에 대해 중립적인 태도를 유지하는 불편부당성(impartiality) 이념은 존 리스가 사장으로 재직하던 초창기 BBC 시절에 정립되었다. 불편부당성 이념은 BBC가 공영방송으로 전환하던 시기인 1926년에 일어난 노동총파업(1926 general strike)이 결정적인 영향을 미쳤다.

전국노동조합회의(Trade Union Congress, TUC)는 1926년 5월 3일에 정부의 광산폐쇄에 항의하여 총파업에 돌입하였다. 100만 광부를 포함하여 250만 노동자가 연대파업에 참여하고 언론이 총파업을 지지하였다. 이에 볼드윈(Stanly Baldwin) 정부는 관보 〈British

Gazette)를 통하여 시민사회에 대한 통제의 필요성을 역설하였다. 재무장관 처칠은 혁명 음모와 적색공포[2]를 자극하면서 군대와 경찰을 앞세워 5,000명 이상의 노동자를 구속하였다. 파업 9일째인 5월 13일 전국노동조합회의 집행위원회가 무조건적 총파업 종결을 선언하였고, 광부노조만이 위원장 쿡(Cook)의 지도아래 외로운 투쟁을 지속하였다. 이들은 파업 6개월인 11월에 작업장으로 복귀하였다. '1926 노동총파업'은 노동운동진영이 조건 없이 항복한 가장 굴욕적인 패배로 기록되었다(고세훈, 1999, 182). 노동당 당원인 노동조합원들의 연대는 전례 없는 수준이었으나, 노동당은 전혀 노력하지 않았다. 맥도날드 노동당 당수는 '저는 총파업과 볼셰비즘과 무관합니다. 저는 헌법을 존중합니다.'라고 하여 파업을 배신하였다(Cliff & Gluckstein, 1988/1996).

1926년 총파업은 BBC 100여년 역사에서도 '가장 뚜렷한 이정표'를 기록한 사건중의 하나이다(Gorham, 1952/1972). 상업방송 BBC의 공영방송으로의 전환을 결정지었을 뿐만 아니라 불편부당성 이념이 각인되는 시기이기도 하다. 신문의 견제에 의해 자체 취재인력을 가지지 못하였던 신생매체 BBC가 파업을 취재하고, 전국매체

---

2 1926년 노동총파업은 주요 노동계가 모두 연대파업을 벌일 정도로 노동조합원들의 연대는 높았지만, 노동조합원들이 당원인 노동당은 파업이 불법적이고 볼셰비즘의 적색혁명에 대한 공포 때문에 소극적이었다. 노동당의 맥도날드 당수는 '저는 총파업과 볼셰비즘과 무관하고 헌법을 존중 한다'고 할 정도였다. 노조 또한 파업이 헌법에 도전하는 것이 아니라 광원들의 생활수준 향상이 목적이라고 하였다(Cliff & Gluckstein, 1988/1996)

로 성장한 시기이기도 하다. 파업이 시작된 5월은 BBC의 공영방송으로의 전환을 제안한 크로퍼드 보고서가 발간되었지만, 내각과 의회에서 BBC의 미래에 대해 뜨거운 논쟁이 일어나던 시점이었다. 당시 정부는 파업탄압과 BBC의 국영화를 주장하는 처칠의 강경파와 단순한 산업분쟁으로 취급하고 BBC의 독립성을 보장하자는 호어(Hoare)의 온건파로 나뉘어져 있었다. BBC는 총파업 기간 중에 정부 입장만을 방송하고 파업 지도자들의 방송은 일체 허용하지 않았다. 또한 BBC는 파업기간 동안 야당인 노동당 의원들의 방송 연설 요구뿐만 아니라 중립적인 입장의 캔터베리 대주교가 정부와 노조에게 전하는 메시지조차도 방송하는 것을 거절하였다. 노동자들은 BBC의 보도에 분노하면서 BBC를 '영국거짓말주식회사(British Falsehood Company, BFC)'라고 비판하였다. 정부 내의 강경파와 온건파가 대립하는 가운데 총파업에서의 BBC는 국영방송으로 바뀔 수도 있는 상황이었다.

또한 총파업이 일어난 1926년은 신생매체 BBC가 전국매체가 되는 계기였다. 1926년 당시 라디오 청취면허를 받은 사람이 2백만 정도였지만, 홀에 모이거나 가게 밖에서 뉴스를 듣는 '공동청취'가 보편적이었기 때문에 훨씬 많은 청취자가 있었다. BBC는 신문사의 견제로 뉴스정보를 자체 수집하지 못하였다. 총파업에 대해 신문들이 동조파업을 하면서 BBC는 대중들에게 전달되는 유일한 대중매체였다. BBC의 뉴스가 정부의 취재원에 의존하고 정부가 검열하였음에도 불구하고, 공식적으로는 불편부당성을 강조하여 공신력이 증가하고 전국적인 청취자를 모을 수 있었다. 반면, 관보인

〈British Gazette〉의 편집 위원장이자 재무부장관인 처칠은 파업의 내용을 심하게 왜곡하고 조악한 선전기법[3]을 사용하여 공신력이 떨어졌다. 또한 처칠은 국가가 BBC를 접수하여 사용하고자 하였다. 이에 대해 리스는 BBC가 국영화되면 파업에 참여한 사람들은 청취를 중단할 것이라고 하였다. 파업주동자와 정부 모두에게 진실을 말함으로써 BBC는 '위기 해결의 촉진자'가 될 수 있다는 것이다. 리스는 '순수하게 불편부당한 뉴스'라는 용어를 사용하여 모든 사람에게 공신력을 얻고자 하였다. 리스의 BBC는 파업을 거치면서 형식적으로는 중립성을 강조하면서 실질적으로는 정부의 편을 드는 선전방식을 개발하였다(Seaton, 1985).

당시 BBC 존 리스 사장은 온건파인 볼드윈 수상과 친밀한 사이였고, 강경파인 처칠 재무장관과는 불편한 사이였다. 존 리스는 수상의 파업방송 메시지를 직접 수정하였다. 그는 '나는 평화를 사랑하고 갈망하지만, 영국 헌법의 안정성을 해치는 행위를 용납할 수는 없다'라는 문구를 삽입하여, 정직하고 온정적이며 중립적이고 장기적인 안목을 가진 수상의 이미지를 만들었다. 1926년 5월 12일 정오 라디오 뉴스를 진행하던 중 존 리스는 직원으로 부터 총파업에 끝났다는 소식을 듣고, "여러분은 국왕과 수상의 메시지를 들었습니다. 우리가 행복하게 탈출 할 수 있었던 것은 상당 부분 수상에 대한 믿음 덕분이라는 생각을 말씀 드립니다"라고 방송하였

---

3 1차 대전 때 영국은 '독일인들이 어린이를 살해하고 수녀를 강간하는 사악한 야수'로 묘사하는 등 조악한 선전방식을 사용하여 공신력이 떨어졌다.

다. 30년 뒤, 이때의 일을 회고하면서 리스는 '만약 프랑스 혁명에서 BBC가 있었으면 혁명은 성공하지 못했을 것'이라고 하였다. 그는 혁명은 거짓말과 오보에 기초하기 마련인데, 총파업 기간 동안 BBC는 '진실 보도'의 역할을 수행했다고 보았다. 그는 BBC가 내내 '정부의 편'에 서고 '법과 질서'를 옹호한 것이 마땅하다고 생각하였다(Mills, 2016). 또한 리스의 일기에 '정부는 BBC를 명령하지 않는다. 정부는 BBC가 불편부당하지 않다는 것을 알고 있다'고 서술하였다(McIntyre, 1993). 'BBC가 국가기관이고, 위기에서 정부는 국민들을 위해 행동하기 때문에 BBC는 정부를 지지 한다'는 삼단 논법으로 BBC의 입장을 변호하였다(Scannell, P. & Cardiff, D., 1991). 이처럼 존 리스는 공식적으로는 정부와 거리를 유지하여 방송사의 신뢰도를 높이면서 실질적으로는 정부의 입장을 적극적으로 옹호하였다(Briggs, 1961).

파업기간동안 리스의 정부 창구는 내각의 공보수석 데이비슨 (Davidson)이었다. 그는 극우선전가로 '정치적으로 교육받지 못한 유권자'들에 의한 국가 위협을 걱정하였다. 리스는 파업기간 동안 데이비슨과 그의 팀이 자리하고 있던 해군본부의 사무실로 옮겼다. 〈라디오 타임스〉의 주간인 월터 풀러(Walter Fuller), 전무 겸 홍보이사인 글래드스톤 머레이(Gladstone Murray) 등 여러 직원들도 해군본부의 연락장교 사무실을 공유하면서 데이비슨 팀과 긴밀하게 협력하였고, 지역의 경찰본부나 여타 정부기관에서 받은 정보를 토대로 뉴스의 초안을 만들었다. 데이비슨이 '거의 모든 뉴스 아이템'을 직접 검사하여 승인하였다(Mills, 2016).

이는 BBC가 공식적으로는 자율성을 누리지만, 실제로는 정부의 정치적 목적에 순응하였다는 것을 말해준다. 슐레징거(Schlesinger, 1978)는 BBC뉴스를 도덕적인 경기에서 연기하는 배우로 비유하였다. 국가에 의해 사전 규정된 불편부당성(impartiality)을 지킴으로써, 독립성이라는 보상을 받았다는 것이다. 서구사회에서의 이상적인 저널리즘으로 조합형과 중립형 가운데, BBC는 중립형을 선택해야 했다. 슐레징저는 BBC 제작자들의 자율성이 순응 메커니즘에 기반한다고 하였다. 정치적으로 논쟁의 여지가 있는 문제에 대해 상관에게 물어보는 과정은 관료적 기구의 시스템이라는 것이다. 이는 직원들이 BBC의 기업 이데올로기(corporate ideology)에 순응하는 것이다.

BBC는 파업기간동안 노동자들을 배제하고, 정부의 취재원에만 의존하는 관급보도를 하였다. 이처럼 불편부당성과 중립성이 훼손된 대표적인 경우가 1926년 총파업에 대한 BBC의 보도태도이다. 그럼에도 불구하고, 총파업 보도는 BBC와 친BBC 학자들에 의해 독립성을 지켜낸 대표적인 경우로 왜곡되었다. 이들은 강경론자들이 국영방송으로 만들려는 것을 저지하고, 불편부당하고 중립적인 공영방송 BBC의 독립성을 지켰다고 선전하였다. 리스 본인도 BBC의 정부편향성에 대해 처칠 등의 강경파를 무력화시키기 위해 온건파인 볼드윈 수상의 입장을 반영할 수밖에 없었다고 변명[4]하였다. 리스는 ① 허가서에 적시된 규정대로 BBC가 정부의 공지사항을 방송해야 했지만, 뉴스보도에서 '뚜렷한 정도의 불편부당성(an appreciable degree of impartiality)'을 유지하였으며 정부도 상당한 독립성을 인정하였다. ② BBC는 국가적 기구이며, 정부가 국민을 위해 행동하므로 BBC도 법과 질서 유지에 협조하였다. ③ 파업기간 동안 노동자 대변인의 말을 방송할 수 없었던 것은 불만족스럽지만, 파업이 불법이기 때문에 허용되지 않았다고 주장하였다(Reith, 1949). 하지만 정부의 요청에도 불구하고, 리스 자신이 중립적인 캔터베리 대주교의 중재연설 요청을 거절하여 '영국거짓말주식회사(British Falsehood Company, BFC)'로 불리기도 하였다(Seaton, & Pimlott, 1987).

객관적인 사실기술에 충실하고 가급적 주장을 하지 않았던 BBC의 공식역사가 브리그스(Briggs, 1961/1995, 329-332)도 총파업 보도에 대해 당시 BBC가 '불안정한 독립성'을 유지하였다고 판단하였다. 그는 BBC가 파업사태에 대해 정부와 입장을 같이 하였지만, 정부의 선전도구 역할을 한 것은 아니며, 나름대로 독립성을 확보하기 위해 노력하였다고 한다. 한발 더 나아가 2대 BBC 공식역사가인 진 시턴(Jean Seaton, 1985)은 파업 초창기 정부와 BBC간의 타협과 조정은 BBC에서 '정치적 중립이라는 윤리'가 지속되도록 하는 한편, 허위의 유포가 아닌 정보의 '선택과 제시'에 기초한 프로파간다의

4　리스는 자서전(Reith, 1949)에서 처칠과 만난 후 "맥도널드 야당 당수가 방송할 수 있는지의 여부를 전화로 물었다고 한다. 그는 리스의 BBC가 정부로부터 완전히 자유롭지 않다는 것을 알고 있어서 초안을 보내왔다. 나는 공보수석 데이비슨(Davidson)에게 수상에게 보여주라고 하였고, 방송할 것을 강력하게 권고하였다. 하지만, 데이비슨은 야당 당수의 메시지를 방송하면 처칠을 자극하게 될 것이라고 하였다. 파업 기간 동안 BBC는 가급적 정확하고 공정하게 보도하려는 노력을 하였다"고 하였다.

전통을 세웠다고 기술하였다. BBC의 불편부당성 이념을 높이 평가하는 이창근(2004)도 '총파업을 통해 BBC가 추구하는 불편부당성이 진정한 의미의 중립성보다는 의회민주주의 질서라는 영국적 가치체계 내에서의 개념이라는 사실을 드러내었다'고 하였다. 그는 불편부당성 규범이 1926년 총파업에서 체제 내적 성격이 드러났고, 이후 BBC의 자율권이 확대되면서 보다 융통성 있는 개념으로 수정되었다고 하였다.

저명한 철학자 러셀(Russell, 1931)은 '1926년 총파업 기간에 라디오는 실질적으로 소식을 전파하는 유일한 수단이었고, 정부는 방송을 통해 정부 측의 입장을 전달하고 파업자들의 주장을 은폐하는 데 활용하였다'고 하였다. 또한 슐레징거(Schlesinger, 1978)는 파업기간중의 BBC는 첫째, 국가의 정보정책의 도구로 기능하도록 동원되었다. 하지만 이 동원은 BBC의 공신력을 유지하는 방법으로 이루어졌다. 둘째, 독립성의 신화가 널리 유포되도록 하였다. 처칠의 관보를 통한 조악한 선전방식을 배제하고 공보수석인 데이비슨이 간접적으로 통제하도록 하였다. 셋째, 파업기간 중에 뉴스부서가 설립되어 정기뉴스, 공식적인 정책사항, 의회 뉴스, 현재 상황에 대한 평가와 날씨보도라는 오늘날의 뉴스배열방식이 개발되었다고 한다. 결론적으로 슐레징거는 파업 당시 BBC와 정부의 협조관계를 리스국장과 볼드윈 정부 온건파의 '이데올로기적 공명(consonance)'를 반영하는 것이라고 하였다. 방송 초기 불편부당성 규범은 가치판단이 배제된 중립성(neutrality)에 가까운 의미로 사용되기 시작하여 주로 정당간의 균형을 맞추는데 적용되어 왔다.

이처럼 BBC와 친BBC 및 자유주의 계열의 학자들은 총파업에서의 BBC 보도행위를 정당화하였다. BBC의 운명을 결정짓는 중요한 시기이고, 정부 눈치를 볼 수밖에 없다는 점을 감안하더라도 BBC의 보도행위는 친정부적이고 반노동운동적이다. 당시 볼드윈 수상이 허용하였던 BBC의 불편부당성은 BBC가 신뢰성이 있어야 선전효과가 있다는 것과 리스가 반정부적으로 행동하지 않는다는 것을 확신하였기 때문이다. BBC가 파업 기간 중에 해군본부에서 상주하면서 정보기관의 자료에 의존하여 뉴스를 만들고, 공보수석이 직접 뉴스를 검열하였다. 뿐만 아니라 BBC 사장이 수상의 파업 중단 메시지를 직접 수정한 사실을 감안한다면 불편부당성 이념의 한계를 알 수 있다.

전체주의 성향의 리스

리스는 자신의 전기를 집필한 보일(Boyle)과의 인터뷰에서 '공적인 삶과 사적인 삶 모두 실패하였다'고 자책하였다. 리스는 자기 정당화를 하면서도, 다른 한편으로는 자기 비난을 심하게 하였다(Boyle, 1972). 리스는 나이가 들수록 BBC 설립과 같은 건설적 임무에 목말라 하였다. 공석이 생기면, 전화를 기다렸으나 성사되지는 못하였다. 명예를 얻었지만, 어떤 자리에도 만족하지 못하였고, 처칠 수상에 대한 미움이 가득하였다. 처칠은 두 번이나 수상을 하면서 리스를 평가절하하고, 그를 해고하였다. 리스는 성공적인 정치인이 될 수 없었다. 친구나 동료가 반대의견을 제시하면 곧바로 '비열한 놈'

으로 몰아세웠다. 리스는 정치인들에게 '함께 일하기 힘든 사람'으로 평가받았다. 하지만, 그는 타고난 조직가였다. 전시에 정보부나 BBC같은 조직을 지휘하는 것에 창의적이었다(Haley, 1976).

리스가 공영방송 BBC 설립과 발전에 많은 기여를 한 것은 누구도 부인할 수 없는 사실이다. 체신부의 정책에 발맞추어 리스는 공영방송 BBC를 발전시켰다는 것이 BBC 전문가들(Briggs, 1961/1995)의 대체적인 견해이다. 하지만 통신사업자인 마르코니사가 실질적으로 단일독점 공영방송에 대한 아이디어를 제기하였다는 견해도 제시되었다. 프로서(Prosser, 2018)는 체신부 아카이브를 조사하면서 발견한 문건자료를 토대로 첫째, 체신부는 미국상업방송에 대한 잘못된 인식을 영국에 전파하였다. 이를 통해 공공재원과 광고금지 정책을 합리화시켰다. 미국의 주파수 혼란이 과장되었고, 미국은 광고방송이 아니라 유료방송을 유력하게 검토하였다는 것이다. 둘째, 1922년 5월 사업자들과 체신부의 모임에서 체신부가 아니라 마르코니 회사가 단일방송사업자 제안을 하였다는 것이다. 100년 동안 이 모임의 존재에 대해 무시되었으나, 체신부 아카이브에서 관련 문서가 발견되었다는 것이다. 아사 브리그스는 체신부가 단일사업자 제안을 한 것으로 서술하였으나, 체신부가 추진한 협력정책 이전에 마르코니 회사가 제안한 것이었다. 셋째, 관련문서는 '공공 서비스 방송'에 대한 아이디어는 리스가 BBC에 들어오기 몇 달 전에 이루어졌다는 것을 보여준다는 것이다. 리스는 BBC에 대한 주요정책이 결정되고 7개월 후에 방송에 대한 무지한 상태에서 BBC에 입사하였다. 이 논리에 의하면 공영방송 제도를 실질적으로 만든 것은 정부보다는 사기업인 마르코니사이며, 회사의 이익을 정부 정책으로 포장하였다는 것이다.

또한 리스가 기술적으로 우월한 유선라디오, TV 등 신기술의 발전에 부정적이었다. BBC의 이익을 지키기 위해 경쟁기술이 될 수 있는 유선라디오나 TV의 기술개발에 소극적이었다. 그 결과 존 베어드(John Baird)가 1926년에 TV 실험방송을 하였지만, 정규TV는 1936년에야 시작되었으며, 그나마 전쟁으로 중단되고 말았다. 메드허스트(Medhurst, 2018)는 리스가 TV기술에 대해 긍정적이지 않은 것은 사실이지만, 단순한 반대보다는 공익 대 상업, 광고 허용, 저화질 등의 문제 때문에 주저하였다고 한다. 즉 TV방송은 화질이 낮고 상업방송으로 될 가능성이 있기 때문에 주저하였다는 것이다.

BBC의 설립자라는 리스의 후광은 사후인 1975년에 일기장 일부가 공개되면서 어두워졌다. 그는 전체주의를 옹호하였다. 1933년 3월 일기에 '나치가 유럽을 청소하고 유럽 전체의 권력을 잡게 된 것을 기쁘게 생각 한다'고 하였다. 1934년에는 '히틀러가 불만과 소요를 깔끔하게 청소한 것을 찬양 한다'고 하였다. 리스는 BBC를 방문한 마르코니에게 '무솔리니를 존경 한다'고 하였다. 초대 경영위원장이었던 클래런던 경은 "리스는 무솔리니이고, 직원들은 그의 무자비하고 잔인함을 두려워 한다"고 하였다(Paulu, 1981). 리스의 전체주의 성향은 조지 오웰(George Orwell)이 그의 1984년 소설에서 BBC를 '진실부(Ministry of Truth)'의 모델로 사용할 정도였다. 리스의 BBC는 관료주의로 서열화 되었고, 제작자보다는 행정통제자들 위주였다. 그는 일기장에 '프랑스 혁명기간에 방송이 있었으면 혁명이 일어나지 않았을 것'이라고 서술하였다. 리스는 BBC 제작자들이 유치하고 무책임하기 때문에 이들을 관료적으로 통제해야 한다고 하였다(Williams, 1997/2010).

스튜어트 후드(Hood, 1989)는 존 리스 탄신 100주년을 기념하여 다음과 같이 평가하였다.

"리스는 스코틀랜드 장로교 목사의 아들로 태어나 엄격한 종교적 교리에 입각한 삶을 살았다. BBC가 엄격한 권위주의 통제에 의해 운영되었다는 것도 별로 놀라운 일은 아니다. 프로그램 내용에 대해 검열하고 직원들의 행동에 제약을 가하였다. 그가 사장으로 재직하는 동안, 코미디언들에게는 아주 긴 금지주제 목록이 있었으며, 출연진과 주제에 대해 엄격한 선택기준이 있었다. 노조가 방송하는 것을 거절하고 직원이 이혼하면 사직하도록 요구하였다. 일요일에도 교회연설만 하는 지루함으로 인해 청취자들이 대륙에서 영국으로 방송하는 라디오 룩셈부르크의 경음악으로 몰렸다. BBC는 하느님의 부름에 응한 공공 하인이며 이윤추구는 죄악시되었다. 그는 볼드윈 수상을 정치적인 부모로 순종하였다. 교활한 볼드윈 수상은 1926년 노동 총파업에서 정부는 '리스가 최선을 다할 것을 믿어야 한다'고 하였다. 하지만 리스는 정치적으로 충성을 다한 만큼 대가를 받지 못하고, 말년에 쓸쓸하게 지냈다. 그는 인도 총독이 되고자 하였으나 그 꿈은 실현되지 못하였다."

2장

데이비드 사르노프,
허버트 후버 그리고 NBC

초창기 미국방송의 발전

1910년 무선선박법(Wireless Ship Act of 1910)은 선박의 안정운행을 위하여 50인 이상을 수송하는 해양선박은 무선통신설비를 장착해야 한다는 의무를 규정하였다. 하지만, 주파수나 허가 여부에 대해서는 언급하지 않았다. 1912년 아마추어 방송국이 급증하면서 군사통신이 방해받자 육군과 해군이 의회에 무선통신 규제를 요청하였다. 1912년 라디오법(Radio Act of 1912)은 노동통상부 장관에게 라디오주파수 할당의 권한을 위임하였다. 해군과 상업적 이용자들에게 전파 이용의 우선권을 보장하고, 아마추어들의 전파 이용을 200m 등급으로 제한하고 면허등록을 의무화하였다. 하지만 방송국 신청자가 소유권자, 위치, 방송시간 등을 신고하면 주파수를 할당받기 때문에 상무부장관이 완전한 방송허가 규제권한을 가지고 있는 것은 아니었다. 라디오법 제정을 둘러싸고 아마추어 통신가들은 청문회나 캠페인을 통해 자신들의 권리를 주장하였다. 하램 맥심(Maxim)은 전국 200여개 라디오클럽을 조직한 미국아마추어무선연맹(American Radio Relay League, ARRL)을 조직하였다.

라디오 폰 기술은 오늘날의 채팅이나 메신저처럼 쌍방향 매체였다. 200m 사용이 크게 늘어나면서 방송에 관심이 있는 라디오폰 아마추어들과 원거리 무선 메시지 교신에 관심이 많은 텔레그래프 아마추어들 사이에 갈등이 일어났다. 미국아마추어무선연맹은 기관지를 통하여 방송정보와 시간표를 게제 하였다. 1922년 1월 상무부는 모든 방송국들이 '제한적 상업방송' 면허를 획득하는 것을 의무화하는 행정 명령을 발표하였다. 이제 방송은 오직 상업이나 정부활동으로만 가능한 것으로 규정되었다. 이에 아마추어 방송들은 방송활동을 포기하거나 상업방송 면허를 획득해야 했다. 초기 방송청취자들은 여유가 있는 사람들이기 때문에 상업방송의 청취를 방해하는 전파혼선이 아마추어 라디오 때문이라고 하였다. 1922년 전국라디오 회의에서 후버는 일대일보다는 일대다 라디오 방송이 우월한 공익 서비스라고 규정하였다. 또한 후버는 상업방송국을 책임 있는 공익의 수호자로, 아마추어들을 무선장비를 가지고 노는 '미국의 어린 소년들'로 전형화 하였다. 그는 '라디오가 유아 시절부터 버릇없는 아이로 자랐고, 지금은 멋대로 행동 한다'고 하였다. 그는 라디오가 중앙위원회의 통제 하에 있어야 한다고 하였다(Barkin, 2003). 이처럼 후버의 상무부는 60만에 달하는 라디오 수신기 구입자들의 이익을 보호하기 위해 상업방송 우선채널을 정당화하였다(백미숙, 2004).

최초의 상업방송인 KDKA는 1920년 11월 2일 대통령 선거결과를 방송하였다.[5] RCA는 1921년 10월 뉴욕에서 WJZ를 설립하여 방송 붐을 일으켰다. 상무부는 1921년 9월 360m 등급에 '제한적 상업방송국'을, 12월에 농업방송과 기상리포트를 위해 485m 등급을 신설하였다. 상업 방송국이라고 하더라도 라디오의 공공적 역할에 높은 기대를 가지고 있던 사회적 분위기 속에 광고를 통해 직접적 수익을 획득하는 방송형태는 생각하기 힘들었다(백미숙, 2004). 1920년대 초반에는 방송국이 난립하여 전파혼선이 극심하였다. 1920년 인터시티 방송국은 1년 기한으로 방송국 허가를 받고 갱신요청을 하였으나, 상무부는 '정부와 개인방송국이 서로 방해하지 않고 방송할 수 있는 주파수가 한계에 도달하였다'는 이유로 허가갱신을 거절하였다. 하지만 연방대법원은 상무부 장관의 재량권은 주파수를 선택하는 것뿐이라고 하였다. 미국에는 600개 방송국이 있었는데, 이 판결 이후 200여개가 신설되고 기존 방송국이 주파수를 변경하거나 출력을 강화하여 전파방해로 인한 대혼란을 겪

---

5 세계 최초의 정규방송은 1920년에 설립된 미국의 KDKA로 알려져 있다. 하지만 아일랜드의 방송역사가들은 세계 최초의 라디오방송은 더블린에서 반식민 투쟁기인 1916년에 시작되었다고 한다. 선박에서 공화국 투사들은 세계를 향한 그들의 메시지를 전하는 방송을 하였다. 캐나다에서는 1919년 캐나다 마르코니 회사가 몬트리올에서 세계 최초의 상업방송인 XWA(나중에 CFCF)를 시작하였다고 한다(Raboy, 1990).

표2 | 1922-1925년 네 차례의 전국라디오 회의 주요 쟁점과 결과

회의	주요참석자	주요쟁점	찬반내용 및 결과
제1차 전국라디오회의 (1922년 2월)	30인정도의 아마추어, 정부 및 산업관계자	• 라디오의 성장과 간섭 • 방송의 공익 • 직접광고 • 공공과 상업 방송 서비스차별	• 주파수 출력 기준으로 등급화 • 상업 방송의 공공서비스화
제2차 전국라디오회의 (1923년 3월 20일)	50인정도의 아마추어, 정부 및 산업관계자	• 클래스B주파수정책수립	• 방송서비스 A, B, C 등급화 • 방송시장독점논쟁
제3차 전국라디오회의 (1924년 10월 6일-10일)	100인정도의 아마추어, 정부 및 산업관계자	• 클래스B주파수정책수립	• 슈퍼파워 방송국과 지역방송모델
제4차 전국라디오회의 (1925년 11월)	500인정도의 아마추어, 정부 및 산업관계자	• 슈퍼파워 방송국 결과	• 중앙 집중과 지방분권 방송모델논쟁

출처 : 백미숙(2005)과 Benjamin(1998)을 토대로 재구성.

게 되었다. 인터시티 사건에서 방송규제의 자유 재량권을 얻지 못한 후버장관은 맥도날드가 주파수를 할당받지 않고 1926년 시카고에서 WJAZ라는 방송국을 운영하자, 이를 제제하고자 하였다. 하지만 사법부는 상무부장관이 방송시간을 제한하거나 방송출력을 제한할 권한이 없다고 하였다.

방송사들이 늘어나면서 전파혼선 현상이 심해지자, 후버 장관은 교통정리 차원에서 방송사들의 전파발송에 대한 제한적 요구를 하였다. 후버장관은 1922년부터 1925년까지 4차례에 걸친 전국 라디오 회의를 소집하였다(박운희, 1991). 전국라디오 회의는 정부와 기

업 그리고 시민의 협력을 강화하는 것이었다. 이 회의에는 정부 관료, 군대 그리고 라디오 관련 기업뿐만 아니라 아마추어 통신사 대표(Hiram Maxim)들도 참석하여 토론하였다. 협의체주의에 뿌리를 둔 전국라디오회의는 산업의 조직화에 상무부가 정책 조정자로 개입 한 것이다.

제1차 전국라디오회의는 상업방송 사업자들을 사회에 서비스하는 공익의 봉사자로 규정하였다. 아마추어방송 금지 조치를 통해 상업방송국들의 송신과 라디오수신기 구입자의 수신을 용이하게 하고, 저렴한 가격의 라디오를 많은 사람들에게 보급하는 것을 공익으로 규정되었다. 전국라디오회의는 '공중에 대한 방송서비스의 성격, 질, 그리고 가치'에 따라 네 가지 등급을 만들어 '정부(Government) 방송'과 '공공(Public) 방송'을 상업방송인 '사영(private) 방송'과 '유료(toll) 방송'의 우위에 두면서 방송 서비스의 서열 등급화와 주파수 대역을 명문화하였다. 이에 대해 RCA는 방송국 면허와 주파수 할당에서 공공 대 상업방송의 서열등급화는 적절하지 않다고 반대하였다. 그들은 '양적 기준'이 모든 방송국에 적용되는 '일반적 법칙'으로 되어야 한다고 주장하였다. 공익의 질적 기준이 일부 방송국에만 유리하게 작용하고 라디오 기술의 과학적 발전을 가로막는 장애가 될 뿐이라고 비판하였다. 또한 유료 방송국에 대한 정의도 '사용료를 지불하는 공공서비스 방송'으로 서술되어야 한다고 하였다. 이는 방송시간 판매영업을 하는 톨 방송국이나 라디오수신기 판매행위를 공공재 산업처럼 공공서비스로 등식화 하고자 하는 것이었다.

1923년 3월 20일부터 열린 제2차 전국라디오회의는 고출력 클래스B 방송국들을 중심으로 새로운 방송 주파수 할당정책이 등장하였다. 라디오법의 제정 요구와 함께 클래스 방송국의 심각한 전파간섭문제를 해결하고자 하였다. 방송 송신 장비에 대한 특허권을 보유한 AT&T는 자회사인 웨스턴 일렉트릭이 500w이상의 송신기기를 자신들의 '라디오 트러스트'이외의 다른 방송사업자에게 판매하는 것을 금지하였다. 트러스트를 구성한 5개 라디오대기업들은 2,000개의 라디오 특허를 통제하였다. 이는 개인방송사업자들이 고출력방송국을 중심으로 하는 전국방송시장에 진입하는 것을 처음부터 제한하는 것이다. 상무부는 라디오수신기 특허권에 기반한 방송시장 독점이 논란을 일으키자, 이 문제는 연방무역위원회의 소관사항이기 때문에 상무부가 규제할 수 없다는 입장을 견지하였다. 제2차 라디오회의 권고를 토대로 상무부는 고출력의 클래스B 주파수를 방송국용으로 전환하고, 상업방송들은 '공공서비스'를 제공하는 공공방송(public broadcasting)이라는 명칭을 공식적으로 획득하였다.

1924년 10월 6일에서 10일까지 열렸던 제3차 전국라디오회의에서는 클래스B를 중심으로 하는 새로운 주파수 정책과 RCA/GE의 50,000w 슈퍼파워 방송국 시험 방송을 승인하였다. 사르노프는 하원 청문회에서 국가 방송체제로서 3-4개의 대도시 지역에 위치한 강력한 슈퍼파워 방송국을 설립하고, 프로그램의 재송신을 위한 소규모 지역방송국을 세우는 전국 방송네트워크 체제의 청사진을 제시하였다. 슈퍼파워 방송모델은 RCA그룹(RCA, 웨스팅하우스, GE)

이 AT&T의 네트워크 방송체제와 경쟁하기 위한 대안이었다. 소출력 방송사업자들은 슈퍼파워의 강력한 전파간섭이 자신들의 라디오 신호를 백지화할 것을 두려워하여 반대하였다. 반대론자들은 중앙집중식 슈퍼파워가 기본적으로 도시 라디오 수신자 위주의 서비스라고 비판하면서 지역방송국과 농업대학에서 운영하는 교육 방송국들이 지역에 필요한 방송을 하고 있다고 주장하였다. 1925년 11월에 열린 제4차 전국라디오회의에서는 슈퍼파워 방송국 실험 방송 결과와 중앙집권적 프로그램 생산과 배급시스템이 미치는 지역의 정치문화, 지역방송국과 청취자에 대한 논쟁이 벌어졌다(백미숙, 2004).

흥미로운 것은 1차 전국회의에서 사르노프는 BBC와 같은 수신료 방식을 제안하였고, 후버 장관 역시 광고에 반대하였다는 것이다. 당시만 해도 광고는 전통적 보수주의자들에게 부정적으로 인식되었다(Marc, 1984). 후버는 원래 방송광고에 반대하였으나, 기업과의 협치주의를 하면서 정부 재원에 반대하고 오히려 광고를 받아들이게 되었다. 하지만, 1923년 8월 미 법원은 대부분의 라디오 방송국이 백화점에서 방송하여 구경꾼이 몰려드는 효과를 지니고 있었기 때문에 자선용이 아니라 상업용이라는 판결을 내린다. 이는 방송의 비용문제를 부각시키면서 자선기금, 학교나 박물관 같은 정부보조, 수신기에 세금을 매기는 영국식, AT&T의 유료방송(toll broadcasting)이 검토되었다. 당시에는 라디오전화(radiotelephone) 방식이 인기를 얻으면서 광고를 하는 방식으로 발전하였다.

2차부터 4차 전국회의는 대기업 위주의 고출력 방송국을 지향하는 정책 결정을 하였다. 고출력방송은 지리적 시장구역의 확대를 통해 많은 청취자들을 확보하는 것이다. 이는 전파간섭을 줄이기 위해 방송국 숫자를 감축해야 한다는 것을 의미한다. 면허 규제는 RCA의 슈퍼파워 방송국과 AT&T의 고출력방송국을 특권화 하는 전파환경을 창출하려는 산업적 필요성에서 제기되었다. 그러나 대기업 방송국을 비롯한 기존사업자들의 합의에 의해 만들어진 면허 규제정책은 신규면허신청자들의 반발과 의회, 시민사회, 소규모 라디오방송국 방송국으로부터 시장독점과 방송자유에 관한 논란을 유발하였다. 하지만 청취자들은 슈퍼파워 방송국과 WEAF 네트워크의 높은 기술과 프로그램 서비스에 대해 만족하면서 독점논쟁은 줄어들었다. 시카고노동연합(CFL)은 1926년 상무부에 신규면허를 신청하면서 면허규제가 대기업, 고출력 중심의 정실주의 정책이며 다양한 사회세력의 의견과 시각을 배제하고 상업방송국이 방송내용과 기회를 독점하도록 구조화하고 있다고 비판하였다.

시카고노동연합의 주장을 범시민사회의 개혁안으로 발전시킨 미국시민자유연합(American Civil Liberties Union, ACLU)은 1926년 초 상하원 청문회에서 세 가지 방송구조 개편방안을 제시하였다. 첫째, 출력 크기에 따른 공익 등급기준 대신에 서비스의 질적, 내용을 기초로 공익원칙을 도입하자는 것이다. 둘째, 서비스에 따른 면허 과정에서 정부 검열의 위험성을 피하기 위해 면허승인 공청회와 공공 기록 보존 같은 제도적 장치를 도입하자는 것이다. 상무부 장관인 후버도 제4차 전국라디오회의에서 공중참여의 권리를 보장하기 위해 지역위원회(regional committee)의 설치와 운용을 제안한 바 있다. 후버의 제안은 대기업 선호 기술 정책접근과 규제기준을 맞추기 위해 '지역위원회'에 권한을 배분하는 것이었으나, 대기업에 의해 거부되었다. 셋째, 소유권 집중을 제한하기 위하여 반독점 조항을 강화 할 것을 제안하였다. 의회 청문회 이후 미국시민자유연합은 공중에게 항의서한을 쓸 것을 촉구하는 등 활동을 전개하였으나, 라디오 청취자들의 호응을 이끌어내지는 못하였다. 청취자들은 고품질 방송과 깨끗한 송수신을 하는 고출력 네트워크에 만족했다. 슈퍼 파워와 고출력을 중심으로 하는 상업방송 제도 위주의 방송정책 때문에 교육, 농업, 사회소수자의 목소리와 의견을 표출하는 공간으로서 라디오의 공공성 개념이 배제되었다. 이는 상업제도 안에 비영리적 부문이 자리 잡을 기회를 처음부터 배제하고자 하는 라디오기업들의 로비의 결과였다. 대기업 방송국 네트워크에 의해 행해지던 최대다수의 라디오 청취자들을 위한 표준화된 서비스가 환영 받고 있던 사회분위기 속에서 다양한 사회세력들의 필요성에 부응하는 방송구조 개혁의 목표를 설득하는데 실패하였다(백미숙, 2005).

이처럼 사르노프와 후버는 방송의 교육적 기능을 강조하고, 이를 위해 공공재원을 확보하고 방송정책 결정에 이해 당사자들이 함께 의논하는 협의체주의를 제시하였다. 특히 후버는 "방송은 공중의 이익을 위하여 질 높은 프로그램을 제공하고, 정부의 직접적인 통제인 검열로부터 자유로워야 한다. 또한 지역방송이 전국방송에 우선되어야 하며 독점을 하지 않아야한다"는 것을 강조하였다(Dempsey, J. & Gruver, E. 2012: 100). 프로그램의 공익성 기준으로 질 높은 프로그램(음악, 연설, 종교, 정치적 연설 등)이 포함되었으나, 정부검열의 위험을 피하기 위해 정부 홍보물이 빠지게 되었다. 사르노프와 후버는 질 높은 프로그램과 정부 검열로부터의 자유에 대해서는 의견이 일치하였지만, 지역방송과 방송독점 문제에 대해서는 의견이 충돌하였다. 사르노프는 무한출력으로 미국전체를 커버하는 슈퍼파워 방송국을 제안하였고, 이에 대해 후버는 독점으로 발전될 수 있는 위험한 생각이라고 비판하였다. 전국회의에서는 50,000w가 최대출력이라고 판단하였다.

1926년 캘빈 쿨리지 대통령은 라디오 방송의 혼란을 수습할 것을 의회에 촉구하였다. 그 결과가 1927년 딜-화이트 라디오법(Dill-White Radio act)이다. 라디오법은 방송 전파에 대한 공공의 소유권 원칙을 수립하였다. 공중만이 주파수 천연자원을 소유할 수 있으며, 공적 소유자로부터 특정시간 동안 주파수를 임대하는 방송사들이 허가되었다. 법령은 대통령으로 하여금 방송사 면허를 담당하는 5인으로 구성되는 연방라디오위원회(FRC)를 구성하도록 하였다. 라디오 법은 당시 존재하던 모든 면허를 무효화하였다. 법령은 광고시간 판매를 고려하지 않았으며, 네트워크의 존재도 인식하지 못하였다. 따라서 상업적 이해와 비상업적 이해의 전투에 직접적으로 관여하지 않았다. 방송 면허의 기준은 '공익, 편리성과 필요성'이지만 구체적인 의미를 가지지 못하였다. 방송 면허는 3년마다 갱신되지만, 외설적 언어 외에는 아무런 검열도 받지 않았다. 1927년 법령은 라디오가 자금을 조달하는 방안을 제시하지 않았다(Barkin, 2003).

방송사들의 경쟁으로 전파혼선이 심한 상황에서 의회는 1927년 무선전파법(Radio Act)를 제정해, 방송규제에 대한 첫 번째 발판이 만들어지게 되었다. 미국 의회는 1927년 연방 무선 전파법(Federal Radio Act, Public Law 632) 제정하면서 FRC(미 연방 라디오위원회 FCC의 전신)에게 방송사들의 면허 교부에 대한 권한을 부여하고, '공익과 편의성, 그리고 필요성(The public interest, convenience and necessity)'이라는 원칙을 처음으로 제시했다. 이 법에서는 라디오 방송의 허가 조건으로 세 가지 기준의 충족을 요구하고 있다. FRC는 1928년 발표한 정책선언(The 1928 Statement)에서 공익에 대한 첫 번째 해석을 내리는데, 방송사가 사익을 위해 방송을 이용해서는 안 되며, 시청자의 이해(interest)가 면허자의 이해 보다 앞서야 한다는 내용을 강조했다. 미국 의회에서는 무선통신법을 대체할 통신법(Communication Act of 1934) 제정 과정에서도 '공익과 편의성, 그리고 필요성' 원칙을 포함시켰다. 이는 전파가 방송사 소유가 아닌 공공의 것이라는 원칙에 따른 것이다. 또한 미국 의회는 전파가 희소하기 때문에 다양한 생각과 관점들이 등장해야 한다는 점에 주목하고, 방송 프로그램에 대한 내용규제를 인정하는 입장을 나타냈다. 의회는 구체적으로 방송사의 면허를 심사할 정부 기관을 FRC(미국 연방 통신 위원회 FCC의 전신)로 지정해 방송 규제 권한을 폭넓게 허용했다. 당시 미국 의회는 전력, 교통, 노동, 금융, 통신 등 전문화된 분야에서 독자적인 규제기관들에게 규제 권한을 위임하는 전통을 갖고 있었는데, 그 이유는 의회가 새롭게 등장하는 기술 분야의 복잡한 문제들을 다루고자하는 의지와 전문성 모두 부족했기 때문이다(강남준·김수영, 2008).

맥체스니(McChesney, 2004)는 초창기 미국방송정책의 결정요인은 방송을 위한 주파수가 한정되어 있었고, 방송을 누가 지배하는 지에 대한 사회적 합의가 없었다고 하였다. 종전 후 라디오의 보급으로 전 세계의 목소리가 가정으로 전파되어 공간과 시간이 붕괴되었다. 정부도 군사용 통신과 같은 자신의 목적을 위해 라디오를 사용하고자 했다. 1920년대 초반 미국 라디오의 선구자들은 비영리 제도를 많이 포함시켰다. 당시 라디오가 돈벌이가 될 것이라고 생각하지 않았는데, 그것은 상업방송이 존재하지 않았기 때문이다. 1920년대 후반에 두개의 전국 네트워크인 NBC와 CBS가 광고판매로 유지되는 전국적 방송망을 만들어 이윤창출의 가능성을 보여주었다. 연방라디오위원회는 기의 모든 채널을 NBC 및 CBS와 제휴를 맺은 방송사에 넘겨주고 광고를 허용하였다. 이로 인해 1925년에 방송국의 대략 절반으로 추산되는 비영리 그리고 비상업 방송이 사라졌고, 1934년에 비영리 방송은 사실상 사라졌다. 1927년의 라디오 법은 임시방편적인 법률이었고, 연방라디오위원회는 매년 의회에 의해 갱신되었다. 이 문제는 1934년 통신법이 통과될 때까지 논쟁거리였다. 7년 동안 교육방송인, 종교단체, 노동조합, 농부, 여성단체를 중심으로 방송개혁운동이 있었다. 이 운동은 광고에 빠진 라디오방송에 대한 심각한 불만을 반영하였다. 또한 희소하고 값비싼 자원을 오용하고 있다는 불만도 제기하였다. 이들은 영국에서 상업방송 BBC를 공영방송으로 전환하고, 공영 CBC의 설립을 이끈 캐나다의 개혁운동에 고무되었다.

1930년대 비영리 방송을 지지하는 사람들은 상원과 하원에 주요 개혁 법안을 제출하여 중요한 지지를 받았다. 상업방송들은 마치 그들의 삶 자체가 위기에 처한 것처럼 이런 도전에 반응하였다. 미국방송협회(NAB)는 상업방송을 민주적이고 미국적인 시스템으로 내세우기 위해 홍보 활동을 하였다. 이 단체는 자금을 가지고 있고, 정치인들이 방송 전파에 접근하는 것을 통제했다. 1933년 미국방송협회는 신문발행인협회가 방송개혁에 대해 침묵하면 뉴스 제공에서 경쟁하지 않는다는 약속을 하였다. 결국 1934년 통신법이 통과되고 연방통신위원회(FCC)가 만들어졌다. 의회는 상업방송의 적절성에 대해 논쟁하지 않았다. 그것은 공공의 관심을 벗어나 연방통신위원회가 규제하는 시스템으로 변하였다. 법률이 통과하자, 미국방송협회는 오히려 정부 규제가 방송인들의 수정헌법 제1조 권리를 침해하는 것으로 규정하였다. 결국 독점방송권을 통해 수천억 달러의 가치를 무료로 받은 상업방송사들은 하룻밤 사이에 국가주의자(statists)에서 자유시장주의자(libertarians)로 바뀌었다. 연방통신위원회 의장인 데니(Charles Denny)는 기본적으로 NBC와 CBS에 독점적 통제권을 부여하였는데, 6개월 후 연방통신위원회를 떠나서 3배의 월급을 받는 조건으로 NBC 간부로 자리를 옮겼다. 1934년 통신법은 방송과 통신에 대한 정부의 독점적 권리는 상업적 수령인이 '공익'에 봉사해야 한다는 조건을 붙여서 수여되었다. 방송사들은 이윤극대화를 추구하면서 일반적으로 회피할 몇몇 프로그램을 포함할 것을 요구받았다. 공적인 서비스의 프로그램을 편성하는 것이 값비싼 독점적 방송면허권을 소유하는 것을 정당화했다. 케이블TV도 독점사업권을 정당화하기 위해 퍼블릭 액세스와 비상업적 채널들을 따로 두어 공익에 양보할 것으로 기대되었다(McChesney, 2004).

NBC의 산증인, 데이비드 사르노프

데이비드 사르노프(David Sarnoff, 1891-1971)는 1919년 입사하여 1970년 퇴사할 때까지 51년간 NBC에서 근무한 미국방송계의 산 증인이다. NBC설립을 주도하였던 아메리카 마르코니 회사에 1907년에 입사하였던 것을 감안하면 실제로는 63년간 NBC 및 주도기업에 근무하였다. 사르노프는 평생을 미국방송의 발전에 기여한 미국방송의 산 증인이다. 사르노프는 일에 대한 애정이 많고, 조직 경영능력, 무선통신산업의 상업적, 공공정보 가능성을 예견하는 능력이 탁월하였다. 그가 1916년에 작성한 크리스탈 라디오 수신기 보고서는 가정오락물로서의 가능성을 예견하였다. 또한 방송국들을 체인화하여 동일한 프로그램을 미국 모든 가정에 동시에 방송하는 네트워크 개념을 창안하기도 하였다. 모든 사람들이 아직라디오를 이해하지 못하였을 때에, 눈으로 보는 TV를 예견하기도 하였다(Sarnoff, 1968).

사르노프는 1891년 남부러시아의 우즐리안(Uzlian)에서 태어났다. 4살 때 아버지가 미국으로 건너가 랍비인 큰 아버지와 다른 마을에서 살았다. 사르노프는 매일 새벽에 일어나 하루에 탈무드의 2천 단어를 배우는 랍비 훈련을 받았다. 몇 년 후 가족들과 미국으로 갔지만, 아버지는 돌아가실 때까지 아팠다. 아버지는 가족의 이민을 위하여 6년간 저축하였지만, 병석에 누워 돌아가실 때까지 아팠다. 사르노프는 미국에 오자마자 소년가장이 되어 정육점 배달원과 신문배달을 하였다. 유대교 예배당에서 성가대로 활동하여 주당 1.5달러를 벌었지만, 목소리가 갈라지면서 새로운 직장을 구해야 했다. 15세 때에 뉴욕 헤럴드 빌딩에서 우편전신 사무업무를 하면서 모르스 부호를 익혀 알지 못하는 사람들과 모르스 대화를 하였다. 이들은 사르노프에게 아메리칸 마르코니(American Marconi) 사가 업무를 시작하였다고 알려주어 사무실 보이로 일하였다. 그는 사장의 편지를 유심하게 관찰하여 산문체 스타일의 글을 공부하였다. 1907년 무선전신기사가 되었으며, 마르코니가 미국에 왔을 때 그의 잔심부름을 하였다. 2년 후에 그는 해안가의 미국 마르코니회사 무선전신국에서 배와 교신하는 업무를 담당하였다(Barnouw,

표3 | 아메리칸 마르코니회사와 데이비드 사르노프의 이력

연도	사르노프 이력
1891	러시아 민스크 지역 우즐리아 출생
1895	마르코니가 무선 메시지를 가정에서 전송
1897	영국에서 마르코니 회사 설립
1899	−마르코니가 미국으로 와서 America Cup Race 소식을 무선으로 New York Herald에 전송 군대와 해군을 주 고객으로 하는 America marconi회사 설립
1900	기상청이 Reginald Fessenden을 무선테스트를 위해 고용
1901	마르코니가 대서양에 글자 'S'를 모르스 부호로 전송

연도	사르노프 이력
1902	-Reginald Fessenden이 National Electric Signaling Company를 설립 -Lee De Forest가 De Forest 무선전신회사 설립
1906	아메리카 마르코니 사환으로 입사
1912	타이타닉 참사에서 전신호출로 영웅이 됨
1915	방송을 수신하는 '라디오 뮤직 박스' 사업 제안
1919	RCA 창립-영업 부장
1921	RCA의 총지배인이 되어 최초로 스포츠 이벤트 방송
1926	최초의 라디오 네트워크인 NBC 설립
1930~ 1970	RCA 회장
1970	RCA 퇴직
1971	사망

1966).

1911년 사르노프는 뉴욕의 워너메이커 백화점에 있는 미국 마르코니회사의 무선수신 장비 가게에서 일하였다. 1912년 4월 14일 백화점에 있는 마르코니회사의 가게에서 '타이타닉호가 거대 빙하와 부딪쳐 급속하게 침몰하고 있다'는 약한 신호를 수신하였다. 그는 신문사에 제보하고 연락이 되는 배들에 긴급타전 하였다. 그는 타이타닉호의 침몰과 생존자를 구출하는 소식을 전한 올림픽 호와 1,400마일 떨어진 곳에서 교신하였다. 태프트(Taft) 대통령은 미국의 모든 무선국들이 교신하지 말고, 21살짜리 무선전신기사만이 구조현장과 연락할 수 있도록 하였다. 그는 72시간 동안 혼자서 침몰현장소식과 생존자 명단을 전달하였다. 기자, 방송인, 친척 등이 사르노프의 소식전달을 지켜보면서 미국의 영웅이 되었다. 이후

표4 | RCA의 1919–1922년 특허권 풀 협약의 구조

주요 내용
1. 주요 참여자들은 방송 송신기를 포함하여 자체 장비를 생산할 수 있다.
2. AT&T는 방송전송장비를 외부인에게 판매할 수 있고, 임대권을 가지고 있다.
3. GE와 Westinghouse는 라디오 수신기를 제조하여 RCA에 공급하며, RCA는 판매대행권을 가진다.
4. RCA는 외부 판매를 통하여 로열티를 모아서 특허권 회사들에 분배한다.
5. RCA는 해양 라디오 전송기를 임대한다.

선박의 라디오 수신 장비 장착을 강화하는 법이 통과하면서 미국 마르코니회사는 사업이 잘되었다. 그는 이후로도 장비 지도사, 감독관 등으로 일하면서 회사에 필요한 인물이 되었다(Barnouw, 1966).

1916년 사르노프는 미국 마르코니회사의 부사장 낼리(Nally)에게 음악을 무선으로 가정에 배달하는 라디오 뮤직 박스(Radio Music Box) 사업[6]을 제시하면서 '강연이나 국가적 이벤트를 방송하고 야구 스코어를 전달 할 수 있다. 도시에서 떨어져 사는 사람들은 라디오를 통하여 콘서트, 강연, 음악 등을 즐길 수 있다. 전체인구의 7%인 100만이 라디오를 청취하면 약 7,500만 달러를 벌게 된다. 광고가 가정으로 방송되면 전국적인 주목을 받을 것'이라고 하였다(Sarnoff, 1968, 31–33). 하지만 부사장은 라디오 사업계획에 대해 부

---

[6] 1916년에 사르노프가 라디오 뮤직 박스 개념을 처음 제시하여 라디오의 발전을 예견하였다. 애당초 1915년에 작성하였다고 알려진 메모는 1916년에 작성 되었다. 1916년에 사르노프가 낼리 부사장에게 쓴 메모와 낼리의 답장이 증거로 제출되었다(Benjamin, 2002).

정적이었다.

　수신기 제조업체들은 대륙 간 통신 사업자를 경쟁자로 생각하였으며, 아마추어들이 대중방송으로 생각하였다. 1919년에 라디오 관련기업들이 협약을 맺고 RCA를 출범시켰다. 협약에 가장 늦게 참가한 웨스팅하우스(Westinghouse)가 정규 방송을 처음으로 시작하였다. 웨스팅하우스는 1차 대전에서 군용라디오 장비를 대량 판매하여 대규모 제조능력이 남아 있었으나, 대륙 간 통신의 경쟁력은 약하였다. 이들은 방송을 통한 수신기 판매를 고려하여 1920년에 피츠버그에서 KDKA 방송국을 설립하였다. 1923년에 476개 방송국 가운데 324개가 라디오 제조업자(47%)이거나 상업용도(백화점 가게, 예술 딜러, 보석가게와 음악가게 20%)였다. 이처럼 초창기 방송국을 운영하는 사람들은 수신기 판매를 위한 수신기 제조업자이거나 판촉을 위한 신문 혹은 백화점이었다. 하지만, 수신기 판매가 원활하지 않으면서 재원조달방안이 쟁점이 되었다. RCA는 라디오 수신기제조업자들이 재원을 조달하는 '미국방송재단(Broadcasting Foundation of America)' 방안을 제안한 반면, 사르노프는 BBC의 수신료 모델, 즉 수신기 소유자들이 수신료를 지불하는 방식을 제안하였다. 연방정부와 돈독한 관계를 유지하고 있던 AT&T는 유료방송(toll Broadcasting)의 가능성을 모색하였다. 당시만 해도 전통적 보수주의자들 눈에 광고는 부정적으로 인식되었고, 후버 장관도 반대하였다. 후버는 자유 시장을 지지하였지만, 예술의 경우는 예외라고 생각하였다 (Marc, 1984).

　가장 우세한 아이디어는 신문에 직접 광고를 싣기 힘든 주변부

상품을 판매하는 사업자에게서 제시되었다. 부동산부터 탈모제까지 다양한 제품을 취급하였던 브린클리(Brinkley)가 1923년 KFKB를 설립하여 750달러짜리 회춘제를 광고하였다. 주요 수신기 제조업체들도 방송국에 대한 통제력 상실을 우려하여 광고에 대해 반대하였다. 1922년부터 1925년까지 열린 4차례의 전국라디오회의에서는 직접적인 광고판매보다는 간접광고 개념을 수용하였다. 광고의 성공으로 인해 제조업체들의 연합은 한계를 보였다. AT&T는 장거리전화와 방송국들을 상호 연결하는 체인방송을 통하여 유료방송(toll Broadcasting)을 시작하였다. 이들은 광고를 또 다른 상업전신의 형태로 주장하였다. AT&T는 38개의 라디오 텔레폰 방송국들을 장거리 회선으로 연결하여 프로그램을 듣고 싶어 하는 사람들에게 유료 방송을 시작하였다. 최초의 메시지는 1922년 뉴욕의 아파트 판매를 촉진하는 10분짜리 광고였다. 제조업체들은 AT&T에 대응하여 우체국 전신을 통하여 네트워크화하고 간접광고를 수용하였다(Leblebici, H., Salancik, G., Copay, A. and King, T. 1991).

사르노프는 1920년에 GE사장인 오웬 영(Owen Young)에게 라디오사업의 전망이라는 보고서를 다시 제출하였다. 이 보고서는 GE와 RCA가 라디오 방송 사업에 적극 뛰어들어야 한다고 하였다. 라디오 비용을 개당 75 달러로 잡고, 200만대 가량을 계산하여 7,500만 달러의 수입을 예상하였다. 사업 1년차에 10만대 750만 달러, 2년차에 30만대 2,250만 달러, 3년차에 60만대 4,500만 달러로 총 7,500만 달러를 예상하였는데, 실제와 거의 유사하였다(Arceneaux, 2006). 1921년 초반에 사르노프는 30세의 나이로 RCA의 총

지배인이 되어 라디오 사업을 적극 추진하였다. 그 기회가 1922년 7월 2일 뉴저지 시에서 열린 헤비급 챔피언 전이었다. '매너사의 살인자' 잭 뎀프시(Jack Dempsey)와 프랑스 챔피언 조르주 카펜티에르(George Carpentier)의 라이벌전이었다. 사르노프는 화이트(White) 편집장으로 특별 팀을 꾸리고 이동용 송신기를 빌렸다. 안테나를 철도 탑 가운데 장착하고 전화선을 이용하여 방송사들에 송신하였다. 화이트가 경기 현장상황을 세세하게 묘사하였으나, 목소리만 방송되었고 14회에 뎀프시가 KO승을 거둔 후에 장비가 과열되어 타버렸다. 이 방송은 동부 전역에 30만 가량이 방송을 들은 것으로 추산된다. 이로 인해 75달러라는 비싼 수신기 가격에도 불구하고, 판매에 성공하였다(Carsey & Werner, 1998).

이후로도 전화 사업에서 독점적 지위를 굳힌 AT&T와 무선통신의 신생기업인 RCA, GE, 웨스팅하우스 연합과의 싸움이 치열했다. AT&T는 장거리유선통신망을 네트워크 중계망으로 이용하여 유리한 고지를 선점하였다. AT&T는 뉴욕의 WEAF를 중심으로 1921년부터 네트워크를 구축하였다. AT&T가 1922년 여름 뉴욕의 WEAF 방송국에서 방송시설을 이용하여 대중에게 전달하고 싶은 메시지가 있으면 유료로 방송시간을 제공하는 '유료방송(toll broadcasting)'을 실험하였다. WEAF의 최초 광고는 50달러에 방송되었다. AT&T는 다른 방송들이 광고를 받지 못하게 방해하였다(Kahn, 1978). WEAF에 대항하여 RCA, GE, 웨스팅하우스 연합은 같은 뉴욕의 WJZ를 키 국으로 네트워크를 만들었다. RCA 등은 정계 로비와 여론 등을 통해 이미 유선전화 사업을 독점하고 있는 AT&T

가 방송 산업까지 독점할 경우 심각한 독점 문제가 발생할 수 있다고 AT&T를 집중공격 하였다. 그 결과 AT&T는 WEAF 네트워크를 100만 달러에 RCA측에 양도하고, 방송 산업에서 철수하였다. 사르노프는 방송국들을 연결하여 1926년에 NBC 네트워크를 만들었다. 1926년 RCA는 당시 인기가 높았던 AT&T의 뉴욕 WEAF 방송국을 사들여 NBC(National Broadcasting Company)를 출범시켰다. 26개 방송국으로 네트워크를 형성한 NBC는 1927년 1월 Red 네트워크와 Blue 네트워크를 운영하면서 CBS(Columbia Broadcasting Company)[7]와 함께 라디오 방송의 선두주자가 되었다(강준만, 1992). NBC는 라디오 방송이 미국 전체에 보급되면서 많은 돈을 벌었지만, 독점기업 논쟁의 빌미를 제공하였다. 여론의 압력과 FCC의 독촉으로 1943년에 Blue 네트워크를 독립시켜 ABC가 만들어졌다(강남준, 2006, 10-11).

또한 사르노프는 '눈으로 보는 라디오'인 TV의 발전을 주도하였다. 1923년에 블라디미르 세버킨이 특허권을 가지고 있는 유사 TV인 아이코노스코프를 주목하였다. 5년 동안 NBC는 B2XBS라는 TV실험 방송을 하여, 1941년 뉴욕에서 WNBT라는 상업 방송을 시작하였으나, 전쟁으로 중단되었다. 사르노프는 2차 대전 중에는

---

7 CBS 네트워크는 1927년 뉴욕에서 세운 UIB(United Independent Broadcasters)가 모태이다. 이 방송사는 경영난으로 인해 컬럼비아 레코드사로 넘어가 이름을 CBS(Columbia Broadcasting System)로 바꾸고 전국 두 번째 규모의 네트워크가 되었다. 사르노프의 RCA가 라디오 수신기 판매를 목적으로 방송을 하였다면, 이 레코드 회사는 음반 판매 목적으로 방송네트워크를 인수하였다.

아이젠아워 장군의 커뮤니케이션 자문을 맡았고, 전쟁 후에 TV를 성공시켰다(Carsey & Werner, 1998). 또한 암스트롱(Edwin Armstrong)은 스테레오 음질과 혼선방지에 뛰어난 FM기술을 개발하여 사르노프에게 사업화 할 것을 제안하였다. FCC와 사르노프는 전폭적인 지원을 약속하였지만, 이차대전으로 개발과 확산이 잠정 중단되었다. 종전 후 RCA는 이미 투자된 AM방송에서 수익환원이 제대로 안되었다는 이유로 암스트롱과 결별하고, FCC에 압력을 행사하여 할당된 주파수 대역을 회수하고 FM방송 실시를 연기하였다. 사르노프가 NBC의 AM 기술에 방해된다는 이유로 FCC가 할당한 주파수 대역을 회수하도록 로비하여 사업화 하는 것을 방해한 것이다. 암스트롱은 사르노프의 배신에 좌절하여 FM방송 사업을 무리하게 추진하다 1954년에 투신자살하고 말았다. 이로 인해 선진기술인 FM방송은 1960년대에 전면적으로 보급되었다. 사르노프는 겉으로는 공익적인 방송사상을 가지고 라디오 방송기술의 발전을 선도하였지만, 실제로는 RCA 대기업의 이익 위주로 라디오 사업을 운영하였다(강준만, 2007, 10-23).

이처럼 사르노프는 러시아 이주민 출신으로 어린 시절 고생을 하면서도 성실하게 노력하여 미국 최초의 전국네트워크인 NBC를 50년간 이끈 '미국 방송의 아버지'이다. 그는 공공서비스 방송사상을 지니고 당시 후버 상무부 장관과 함께 라디오의 발전을 이끌었다. 하지만 그가 최초로 제시한 '라디오 뮤직 박스'는 라디오의 송신 기능을 제거하여 일방적 커뮤니케이션을 고착화 시켰다. 이로 인해 송수신 기능이 가능한 당시의 '라디오 전화' 등의 쌍방향 커뮤니케이션 체제가 무너지고 말았다.[8] RCA가 1919년에 출범할 때, 사르노프는 매니저로 출발하여 1930년에 사장이 되었고, 1947년에 이사회 의장이 되었으며 1969년에 은퇴하였다. 1971년 타임지는 부고기사에서 "미국 산업에서 마지막 남은 위대한 독재자였다"고 하였다(Head, Sterling, & Schofield, 1994).

미국방송의 설계자, 허버트 후버

허버트 후버(Herbert Hoover, 1874-1964)는 1874년 퀘이커교도 대장장이의 아들로 아이오와주 웨스트 브랜치(West Branch)에서 태어났다. 그는 양친 모두를 10살이 되기 전에 잃고 오리건의 친척집에서 양육되었다. 1891년에 스탠포드 대학에 입학했으며 광산공학 엔지니어로 학교를 졸업했다. 졸업 후 후버는 시에라네바다 광산에 취직하였다가, 영국에 본부를 둔 국제적인 광산회사로 옮겨 서호주 지역에서 일하였다. 그는 스탠포드 대학 동기였던 루 헨리와 결혼하여 중국으로 건너갔다. 1908년에 회사에서 독립하여 광산사업을

---

8   1차 대전 이후 무선통신기기 제조사들은 군수용 판매를 대체할 수 있는 민간 부분의 수익창출모델이 시급한 실정이었다. RCA의 영업담당 임원이었던 사르노프는 '라디오 음악상자 메모'의 1:1 아마추어 통신 형태를 1:다 방송시스템으로 바꾸었다. 송신 기능이 제거되어 저렴해진 라디오 수신기를 일반대중에게 대량 판매하는 방법을 제안하였다. 강력한 출력으로 넓은 지역에 송신할 수 있는 방송국이 불특정다수의 일반대중이 즐길 수 있는 음악 같은 콘텐츠를 실어 보내면 대중들이 라디오 수신기를 구매할 것이라는 사업 구상이었다. 당시 음악은 고가의 유성기 비용 때문에 상류층이 즐기는 문화였다(강남준, 2006).

표5 | 허버트 후버의 개인 이력

연도	이력
1874년 8월	출생
1895	스탠퍼드대학교 지질학 학사
1914	1차 세계대전 연합국 구제활동 책임자
1917	미국 식량청 청장
1921~1928	제3대 미국 상무부 장관
1929~1933	미국 31대 대통령
1947	후버위원회 위원장
1964	사망

시작하여 성공을 거두어 국제적인 거물로 성장하였다.

후버가 런던에 있을 때, 독일이 프랑스에게 전쟁을 선포했다. 런던주재 미국총영사는 발이 묶인 미국인 여행자들을 고국으로 보내기 위해 후버의 도움을 요청했다. 후버가 조직한 위원회는 12만 명의 미국인을 귀국시키고, 독일군의 침공을 받은 벨기에에 식량을 공급하였다. 미국이 참전한 후 윌슨 대통령은 후버를 식량청장으로 임명했다. 그는 해외에서 필요로 하는 식량소비량을 줄이고 미국 본토의 식량배급 사태를 막았다. 정전협정이 체결된 후 후버는 최고경제회의 회원과 미국구호청장으로 중부유럽 주민식량원조사업을 총괄했다.

1920년 후버는 정치적 기반이 없음에도 불구하고, 공화당과 민주당으로부터 주목 받는 후보로 지명될 정도로 대중적 명망을 얻었다. 대통령으로 당선된 하딩(Warren Harding)과 후임 쿨리지(Calvin

Coolidge) 정부에서 상무부 장관을 수행한 후버는 1928년 대선에서 공화당 대통령후보로 지명되었다. 그가 당선되면서 미국은 경제대공황을 겪게 되었다. 후버는 경제위기의 책임을 뒤집어쓰고 1932년 대선에서 민주당의 프랭클린 루스벨트에게 패배했다. 그는 뉴딜 정책의 성공과 대비되어 낡은 자유방임주의 정치원칙을 고수하는 정치인으로 인식되었다. 1930년대에 그는 정부정책이 국가통제주의로 흐르는 경향을 경고하면서 뉴딜정책을 강도 높게 비난했다. 1947년 트루먼 대통령은 후버를 정부부처 재정비를 위해 발족한 특별위원회(후버 위원회)의 위원장으로 임명하였다. 그는 1953년에도 유사한 성격의 위원회를 이끌면서 정부조직이 대폭 개편되었다. 1964년 10월 뉴욕시에서 90세의 나이로 사망하였다.

후버의 정치사상은 개인주의(Individualism), 자발적 협력(Voluntary Cooperation), 협동적 자본주의(cooperative Capitalism)로 요약할 수 있다. 정부는 개인의 기회 균등을 보장하여 개인주의를 촉진시키는 것이라고 하였다. 그는 퀘이커(Quaker)교[9]의 종교적 신념을 바탕으로 개인의 솔선수범, 기회균등, 자기표현의 자유를 강조했다. 그는 '미국식 개인주의'에 입각하여 '인간은 다수보다는 개인의 창의력

---

9 프로테스탄트의 한 교파. 1647년 영국인 G.폭스가 창시하였고 1650년대 이후 미국에 포교가 적극적으로 행해졌다. 그들은 '안으로부터의 빛'을 믿고, 그 신앙의 내용과 형식에 있어서나 또 인디언과의 우호(友好), 흑인노예무역과 노예제도의 반대, 전쟁 반대, 양심적 징병거부, 십일조 반대 등 일반 사람의 태도와 달라 특수한 사람들로 간주되었다. 미국과 캐나다에 약 13만 이상의 교도가 있을 것으로 추정되고 있다. 한국의 대표적인 퀘이커 교도로는 함석헌이 있으며, 그는 1960년 이후 퀘이커교 한국대표로서 활발한 활동을 벌였다. [네이버 지식백과, 퀘이커교(Quakers)]

이 보장받을 때 잠재력을 발휘하며, 사회는 개인의 잠재력이 실현되는 기회를 평등하게 제공해야 한다'고 하였다. 그는 정부가 간섭이 아니라 사업계와 협력하는 역할을 강조하는 미국식 개인주의(American Individualism)를 강조했다. 이는 자본주의도 사회주의도 아니며 국가의 진보는 개인들에게서 나온다고 하였다. 공동의 사회적 목표를 달성하기 위해 연방정부가 적극적인 역할을 수행하여 개인과 집단의 자발적 협력을 촉진해야 한다고 주장하였다. 그는 정부의 적극적인 후원 아래 노동협회, 농업조합 등과 같은 전국 규모의 연합조직을 통한 산업의 자치규제를 주장하였다. 중세 영국의 '길드사회주의(Guild Socialism)'를 협동주의의 한 모델로 제시하였다. 길드의 단체 활동이 산업을 안정시키고 과열 경쟁과 낭비를 제거하여 산업의 윤리적 기준을 확고히 히였다는 것이다(김상민, 2001). 후버는 성공한 엔지니어로 교육을 통한 과학적 관리와 관료주의를 강조하였다. 능력 있고 효율적인 공공관료계층을 통하여 정치적 혼란을 줄이고 입법과정을 최소화하고자 한 것이다. 그는 광산업 기사로서의 성공과 벨기에 구호사업으로 탁월한 행정능력을 보여주면서 대통령이 되었다. 그는 조직화된 자본이 야기하는 권력의 지나친 비대화를 경계하였다. 기업가와 중산층 그리고 대기업재벌과 대비되는 노동조합, 전미노동입법위원회, 엔지니어 계층, 사회과학자들, 정치인들을 중심으로 노동 계층의 자율권을 강조하였다. 전쟁 후에 세계에서 가장 풍요로운 미국의 경기가 침체가 되었다. 이로 인해 정부지출, 균형예산, 세금 인하를 맡고 있는 상무부의 역할이 중요해졌다. 1921년 후버가 취임하면서 상무부는 국무부 다음으로 중요한 부서가 되었다. 후버는 1925년에 광산과 특허업무를 가져오고, 1926년에는 우주개발업무를, 1927년에는 라디오 독립부서를 출범시켰다.

상무부 장관으로서의 후버는 라디오 규제에서 가장 영향력 있는 인물이었다. 후버의 방송 공익성 철학은 첫째, 공중의 이익을 위하여 질 높은 프로그램을 제공해야 한다. 그는 엔지니어 출신으로 주파수 할당뿐만 아니라, 프로그램에도 많은 관심을 보였다. 공중에게 오락 프로그램만이 아니라 국가적인 행사나 수준 높은 프로그램도 제공해야 한다는 것을 꾸준하게 강조하였다. 후버는 라디오가 상업이윤 논리에서 벗어나 공공서비스 이어야 한다고 주장하였다. 오락업무에서 벗어나 공공시사물과 교육적인 기능을 해야 한다고 하였다. 프로그램의 공익성 기준으로 질 높은 프로그램(음악, 연설, 종교, 정치적 연설 등)이 포함되었으나, 정부검열의 위험을 피하고자 정부 홍보물이 빠지게 되었다. 그는 대학방송국을 "라디오의 진정한 임무 실현을 위한 전진"으로 표현하였다. 1924년에 교육프로그램을 육성하기 위해 재원을 보조하는 방안을 제시하였다. 라디오 수신기 판매에 2%의 세금을 붙여 '그날의 프로그램 가운데 가장 우수한 것'들을 지원하는 방안을 제시하였다(McChesney, 1993). 둘째, 정부의 직접적인 통제인 검열로부터 방송이 자유로워야 한다고 하였다. 프로그램에 대해 정부가 우선 순위를 정하는 것도 정부의 간접적인 검열이 될 수 있다고 하였다. 방송 엔지니어 잔스키(Jansky)는 후버가 '미국자유방송체제의 아버지(Father of the American System of Free Broadcasting)'로 인정받아야 한다고 하였다. 셋째, 방송은 면허를 통하여 자질이 없는 방송을 구분하고, 독점을 하지 않아야 한다고 하였다. 이에 대해 NBC 사장인 사르노프는 무한출력으로 미국전체를 커버하는 슈퍼파워 방송국을 제안하였다. 후버는 사르노프의 주장이 독점으로 발전될 수 있는 위험한 생각이라고 비판하였다. 전국회의에서는 50,000와트가 최대출력이라고 판단하였다. 넷째, 지역주의가 전국방송에 우선되어야 한다. 사르노프의 슈퍼파워 방송국 발상에 반대하여 지역방송국을 우선하는 정책을 전개하였다. 후버의 지역주의는 지리적인 것에 기반을 둔 지역 정체성과 지역 공론장의 진작이라는 긍정적인 지역주의(affirmative localism)보다는 라디오를 통한 지역공동체의 문화적, 경제적 근대화에 초점을 맞추었다. 이런 지역주의에서는 지역의 특색과 프로그램 다양성이 감소된다. 후버는 '라디오는 전국시스템이 자리 잡아 전국적인 삶을 구현하는 것이었다. 전국의 청취자들이 지역라디오를 듣는 것아 아니라, 지역이 전국라디오를 들을 수 있게 하는 것이었다. 따라서 라디오를 전국적인 문화의 결집지로 만드는 것이 필요하다고 하였다(Kirkpatrick, 2006).

방송역사에서 후버의 역할은 많은 방송역사 전문가들에 의해 비판받았다. 미디어의 역사서술에서 후버는 간략하게 언급되거나 완전히 무시되었다(McGregor, Driscoll, & McDowell, 2009; Picard, 2011). 반면, 그로스(Gross, 2010, 132)는 주파수 간섭문제에서 후버가 자율규제를 촉구하여 문제를 해결하는 역할을 하였다고 한다. 하지만 후버의 리더십은 주파수를 상업적 용도로 사용하는 방송사업자가 공공서비스를 제공해야 한다는 원칙에 영향을 미쳤다. 상무부 법무관이었던 데이비스(Stephen Davis, 1927)는 후버를 방송의 공공서비스 원칙을 최초로 제시한 사람으로 소개하였다. 데이비스는 제3차 전국라디오 회의 이전까지 라디오는 사적인 사업에 지나지 않았으나, 후버가 라디오의 공공서비스 원칙을 제시하였다는 것이다. 3차 전국회의와 이전에도 후버가 공공서비스 원칙을 언급하였음에도 불구하고, NAB 법률대리인인 크라스노(Krasnow, 1997)와 FCC 위원을 역임한 네스(Ness, 1994)는 후버가 공공서비스 원칙을 제시한 것은 4차 전국회의에서부터라고 하였다. 4차 전국회의에서 후버는 "나는 라디오에 공익이 지배해야 한다는 원칙을 가지고 있다. 공공선이 사적 욕구를 초과하여 방송에서 이루어져야 한다." 반면 방송역사에서 가장 권위 있는 저술을 지은 벤스맨(Bensman, 2000)은 "후버가 라디오 방송규제역사에서 가장 중요한 영향력을 행사하였다"고 하였다.

존 리스와 데이비드 사르노프 비교

영국의 BBC, 그리고 미국의 NBC를 존 리스와 데이비드 사르노프라는 사람을 중심으로 살펴보았다. 초창기 상업방송 BBC의 사장인 존 리스가 주주들의 이익에 반하는 공영방송으로의 전환을 주장할 수 있었던 것은 영국 특유의 계몽주의 문화와 전쟁으로 인한 사회적 불안정성 때문이다. 또한 중소자본으로 이루어진 수신기제조업체들이 방송을 수신기 판매를 위한 보조역할로만 규정하여 적극적인 시장창출을 하지 못하였다. 한편 정부는 상업적인 신문모델과는 달리 자율성을 유지하면서도 정치적 통제를 할 수 있는 '공공서비스 방송독점'을 대리인인 존 리스를 통하여 구현하게 된다. 반면 미국에서는 사르노프가 방송의 공공서비스 기능을 강조하고, 당시 라디오 주무장관인 후버도 라디오를 공적 관심사로 규정하였음에도 불구하고 상업모델이 구축되었다(박인규, 2002, 39-40쪽). 이는 상대적으로 전쟁에서 자유롭고, 언론자유와 시장경쟁이 강조되는 미국적 환경과 밀접한 관련이 있다. 미국정부는 주파수 혼란이라는 기술적 문제에만 개입하고, 대규모 수신기제조업체의 이익을 독점적으로 보장하는 상업 방송 제도를 채택하였다(Williams, 1974, 73-79쪽; 백미숙, 2008, 200-209쪽).

첫째, BBC의 공영방송으로의 전환에 대해서는 두 가지의 설명이 가능하다. 공사가 존 리스의 개인적 성취물이라는 것과 공영방송의 출현은 우연적이라는 것이다. 전자는 방송독점이 공사의 문화적 미션을 위해서 필수적이라는 것이며, 후자는 코스(Coase, 1950)의 견해인데, 방송독점이 체신부의 편의성을 위한 것이라는 것이다. 두 견해 모두 방송 바깥의 정치사회적 변동을 무시하였다. 불특정다수를 대상으로 프로그램을 전송하는 방송은 기술적인 것이 아니라 사회적인 발명품이다. 1차 대전 중에 무선전신이 발달하였다. 무선전신은 전화의 대체재였는데, 메시지를 듣는 사람들을 지정할 수 없다는 단점이 있다. 사르노프(David Sarnoff)가 1916년에 처음으로 라디오의 가능성을 보았다. 사르노프는 라디오를 피아노나 전기 장치와 같은 가정의 필수품으로 만들려는 계획을 가지고 있었다. 이 아이디어는 무선으로 음악을 가정에 배달하였다(Curran &

Seaton, 1985/1997, 5th).

둘째, BBC 사장인 존 리스 못지않게 초창기 영국방송정책을 실질적으로 이끌었던 체신부의 차관 브라운(Brown)을 주목할 필요가 있다는 것이다. 체신부는 1921년부터 1924년까지 7명의 장관이 교체될 정도로 정치적인 자리였다. 브라운은 아무도 방송을 경험하지 못하였던 1921-2012년 미국 장기출장을 통하여 정부가 방송주파수를 관리하고 직접적인 상업광고를 금지해야 한다는 반면교사를 얻게 된다. 미국에서 장기출장을 한 체신부 브라운(F. J. Brown)차관은 정글과도 같은 미국상업방송에서 교훈을 얻었다. 그는 미국이 유럽보다 방송을 빨리 시작한 것은 유럽이 1차 대전(1914-1917)으로 지체되어 있었기 때문이라고 하였다. 미국은 방송을 듣는 대가로 국가가 돈을 받고 면허를 발급한다는 공공적인 생각에 적대적이었다고 한다. 또한 미국은 사기업 위주의 전통으로 자연스럽게 광고방송을 하게 되었고, 사르노프와 후버 같은 광고반대론자들의 의견은 소수였다는 것이다. 광고 외에 방송수입을 보장할 수 있는 간단한 수단은 없다는 것이다. 그는 귀국하여 켈러웨이(Kellaway) 장관에게 미국에서 경험한 바를 보고하였고, 장관은 1922년 5월 4일 하원에서 보고하였다. '신청하는 모든 사업자에게 면허를 발급할 수 없으므로 다양한 사업자들이 협력하여 효율적인 서비스가 가능하도록 해야 한다'고 하였다. 장관은 각 지역에 하나 혹은 제한된 수의 방송국면허를 발급하겠다고 제안하였다. 영국 수신기 제조업체들만 면허를 받을 수 있고, 상호경쟁 대신에 협력한다면 정부는 행복할 것이라고 하였다. 또한 광고는 허용되지 않으며, 출판되지 않은 뉴스는 방송할 수 없다는 것을 제시하였다. 체신부만이 결정의 주체가 아니었다. 제국통신방위위원회는 군사용 주파수 및 시설과 충돌되지 않아야 되고, 신문과 뉴스 통신사 또한 방송의 출현에서 자신들의 기득권을 지키려 하였다(Boyle, 1972).

브라운은 영국방송의 초석을 다진 제국통신위원회(Imperial Communication Committee, 1922)에 참여하여 '체신부 주도의 방송허가, 영국수신기 제조업체만의 방송, 광고 금지와 연간 10실링의 수신료' 등을 관철시킨다. 이를 토대로 두 그룹으로 나누어져 있었던 수신기 제조업체들을 설득하여 BBC 단일회사를 출범시키는 데에 결정적인 역할을 하였다(Coase, 1947). 최초의 방송조사위원회인 사이크스 위원회(Sykes Committee, 1923)에서도 ① 방송서비스는 정부의 면허아래 위탁 운영 ② 체신부 상관의 방송행정을 보좌하기 위해 방송이사회 설치 ③ 연간 10 실링의 수신료와 보조 재원 고려 ④ 신문을 보호하는 조건으로 뉴스프로그램 확장을 주요 내용으로 하는 권고안을 채택하였다. 특히, 브라운은 사이크스 위원회에서 위원들 사이에서 공식적인 체신부 정책으로 간주되었다(Briggs, 1961: 85-89).

반면, 방송에 대해 문외한이었던 리스는 보수당 하원의원 윌리엄 불의 도움으로 1922년 BBC에 입사하여 1938년 사장으로 퇴직하였다. 그가 공영방송 BBC의 사장이 될 수 있었던 것은 1926년 노동총파업에서 '정치적 아버지'로 순종한 볼드윈 수상을 도와준 공로 때문이다. 당시 파업으로 신문발행이 중단된 상태에서 BBC는 국민들에게 정보를 알릴 수 있는 유일한 매체였다. 리스는 볼드윈 수상의 대국민성명을 직접 수정해줄 정도로 노골적인 지지[10]를 하면서, 노조는 물론이고 야당과 캔터베리 대주교(성공회의 수장) 의 방송 요청을 거절하였다. 이처럼 리스는 BBC의 정치적 중립성 을 표방하면서도 실질적으로는 수상을 지지하였다. 리스는 수상에 게 로비하여 초대 BBC 경영위원장인 클래런던 경을 교체할 정도 로 막강한 권력을 자랑하였지만, 후일 정치적 반대파인 처칠 수상 이 집권하면서 말년에 원하였던 인도총독이 되지 못하였다(Briggs, 1979).

이처럼 체신부 통제, BBC독점과 상업광고 금지라는 초창기 방 송정책에 지대한 영향을 준 것은 브라운의 미국 출장이라고 할 수 있다. 특히 체신부 장관이 자주 바뀌면서 방송정책을 실질적으로 결정한 것은 브라운이며, 존 리스는 BBC에서 체신부의 정책이념 을 실현하였다. 그럼에도 불구하고 브라운 보다는 존 리스가 영국 방송의 설립자로 부각된 것은 정부통제라는 비판을 의식한 조치로 판단된다. 국가개입의 비판을 우려하고 공영방송의 자율성을 강조 하기 위해 정부 관리보다는 방송인을 과대 포장하였다는 것이 연 구자의 판단이다.

공영방송제도는 시청률과 광고경쟁으로부터 시달리는 상업방송 제도에 비해 고품격의 방송품질을 제공하는 훌륭한 제도이다. 또 한 국영방송제도에 비해 정부의 직접적인 통제로부터 벗어나 정치

---

10 리스는 수상의 방송 메시지 중에서 '나는 평화를 사랑하고 갈망하지만, 영국 헌법의 안정성을 해치는 행위를 용납할 수는 없다'라는 문구를 삽입하였다. 이 메시지는 정 직하고 온정적인 수상의 이미지와 동료들에 비해 중립적이고 긴 안목을 가진 사람의 이미지를 창출하는 데에 집중하였다(Hood & O'leary, 1990).

적 독립을 이룰 수 있는 가능성이 높은 것도 사실이다. 자율적이고 위임적인 문화전통이 있는 영국에서 BBC는 정치적 독립을 확립한 사례도 적지 않다. 그럼에도 불구하고 공영방송 이념의 원형을 제시한 초창기 BBC가 정치적 통제는 물론이고, 중앙집권적 반지역주의의 문제점을 지니고 있었던 것도 사실이다. 특히 존 리스는 공영방송으로의 전환이라는 커다란 업적에도 불구하고 공영방송 이념이 친정부적이며, 엘리트주의적 성향이 강하였다.

셋째, 영국의 공영방송제도와 미국의 상업방송제도는 매우 다른 특성을 지니고 있다. 영국모델은 오랜 기간 동안의 BBC독점(1955년까지), 수직적으로 통합된 방송사 조직, 방송서비스에 대한 보편적 접근, 경쟁은 파괴적이며 수용자는 취약하여 보호가 필요하다는 신념에 기초한 방송 제도를 특징으로 한다. 이와는 대조석으로 미국 시스템은 프로그램 제작자와 방송사간의 분리, 경쟁은 중요하며 국가는 방송에 간섭하지 말아야 하며 수용자들은 스스로 판단할 수 있다는 신념에 기초한다.

정규방송은 1920년 11월 2일에 미국 웨스팅하우스가 피츠버그의 회사 건물 옥상에 세운 라디오 방송국 KDKA가 대통령 선거 결과를 발표한 것이 시작이었다. BBC는 1922년 10월 18일에 정규방송을 시작하였다. 같은 해 덴마크, 아르헨티나, 러시아에서 라디오 방송이 시작되었다. 1923년에 독일, 벨기에, 핀란드, 스위스, 체코가 시작하였다. 1930년대에 이르면 한때는 부유한 아마추어들의 취미였던 라디오가 대중적 현상이 되었다. 1938년 1월에 시작된 라디오 쇼 〈밴드 웨건〉은 희극배우 아서 애스키(Arthur Askey)를 중심으로 구성되었다. 이 프로그램은 최고의 인기프로그램이 되었고, 애스키는 영국 최초의 라디오 스타가 되었다. 수요일 밤에 영화관객이 적었던 것도 사람들이 〈밴드 웨건〉을 듣기 위해 집에서 나오지 않기 때문이다.

시장 규모가 작고 광고로 자금을 대기가 어려웠던 유럽에서는 국가가 무료프로그램을 만드는 것이 수신기제조사들에게 이익이었다. 막강한 영향력을 지니고 있는 신문사들은 신문광고시장의 축소를 우려하여 방송 광고도입을 반대하였다. 〈데일리 메일〉이 넬리 멜바(Nellie Melba, 1861-1931)[11]의 음악회 방송을 주최하고 후원하였다. 유럽에서는 민간복합기업이 주요한 공익설비를, 국가가 방송체계를 통제하는 분리모델이 최선의 선택으로 보였다. 출판, 언론, 음반, 영화와는 달리 방송은 영리사업이 아니었다. 초기 청취자들은 고급문화에 접근하기를 바라지만, 그럴 여유가 없거나 연주회나 오페라를 보러 가기 힘든 지역에 사는 중간계급 또는 중간계급 하층이었다. 실제로 이들은 일반 독서공중과 비슷하게 겹쳤다. 네덜란드와 벨기에를 제외한 유럽 국가들에서 국가가 라디오를 직간접적으로 장악했다(Sassoon, 2006).

브리그스(Briggs, 1961/1967)는 영국방송에서 미국의 경험을 '경고'로 받아들였다고 한다. 미국의 정치문화가 유럽의 정치문화 보다

---

11 오스트레일리아의 소프라노 가수. 런던을 중심으로 파리·밀라노·미국 등지에서 활약했는데 안정된 맑은 음색의 미성과 폭넓은 음역, 정확한 가창력으로 역사적인 소프라노 가수로서 이름을 남겼다[네이버 지식백과].

국가권력을 실현할 동인이 적기 때문에 내적 다양성보다는 외적 다양성을 채택하였다. 영국은 보편적 접근이 중요한 반면, 지리적으로 넓은 미국에서는 방송사업자에게 이익이 되는 선에서 지리적 보편성을 확대하였다. 영국은 개입을 통해 보편적 서비스의 '긍정적 자유'를 실현하였고, 미국은 '부정적 자유'를 채택하였다. 미국은 방송에서 소비자 이익을 실현하는 시민단체들이 있지만, 영국은 없거나 약하다(Collins, 1994).

넷째, 사르노프와 후버의 공공서비스 방송이념은 실제로는 기업자유주의의 대변자였다. 후버와 사르노프는 공익주의 방송철학을 주창하였다. 공공서비스 방송사상은 사르노프가 1916년에 '뮤직 박스' 개념을 통하여 방송의 오락과 교육 기능을 강조한 것에서 잘 나타난다. 허버트 후버도 라디오가 상업이윤 논리와 오락 업무에서 벗어나 공공시사물과 교육적인 기능을 해야 한다고 하였다. 후버는 대학방송국을 라디오의 진정한 임무로 표현하고, 1924년에 교육프로그램을 육성하기 위해 재원을 보조하는 방안을 제시하였다(McChesney, 1993;16). 또한 직접적인 광고를 반대하고, 수신기 세금이나 간접적인 스폰서를 도입하는 방안을 제시하였다. 사르노프는 광고에 대한 대안으로 라디오 수신기 업체들로부터의 간접적인 재원보조 방안을 제시하였다. 그는 1922년 "방송비용은 라디오 방송 산업으로 부터 이득을 얻는 제조업자, 유통업자 등이 부담해야 한다. RCA는 방송사 판매액의 2%를, GE와 웨스팅하우스도 유사한 비율로 지불해야한다"고 하였다. 후버 또한 1924년에 라디오 수신기 판매에 2%의 세금을 붙여 교육적으로 우수한 프로그램을 지원하는 방안을 제시하였다(White, 1947).

　미국방송의 아버지라 불리는 상무부 장관 후버의 라디오 정책은 미국뿐만 아니라 근대 방송의 기본구조, 규제정책의 틀이 되었고 현재 방송제도의 원형을 제공하였다. 후버의 행정 철학은 미국식 개인주의, 사회공학적 효율성 중심주의로 설명된다. 미국식 개인주의는 정부의 적극적 정책 역할과 기업 지도자들의 사회적 책임이라는 두 축을 기본으로 하고 있다. 협의체주의는 사적 소유 집중에 의한 반독점운동의 정치사회적 비판을 해결하기 위한 사회공학적 대응방법이다(백미숙, 2004). 하지만, 사르노프와 후버의 공익원칙은 대기업의 이해와 충돌할 때마다 자본의 논리에 의해 해석되고 적용되었기 때문에 기업자유주의의 이데올로기라는 비판을 받았다(백미숙, 2008). 스트리터(Streeter, 1996)는 후버의 공익이 국가 안보나 공공적 목적을 위해 정부가 전파를 독점적으로 사용하는 것을 견제하고, 시민사회가 비상업, 비영리적으로 전파를 사용하는 것도 사적이해로 간주하였다. 따라서 이들의 역할은 기업자본주의가 정착하는 과정에서 기업자유주의의 도구라는 비판을 받았다. 실제, 상무부는 방송정책을 결정하는 데에 있어서 연구 예산과 인력의 부족을 이유로 업계에 의존하였다. 예를 들어 벤스맨(Bensman, 2000)은 2차 전국라디오 회의에서 도출된 클래스 등급제가 상무부에서 허가를 받았다고 하였는데, 실제로는 상무부가 업계의 승인을 받았다는 것이다. 피카드(Picard, 2011)는 미국방송의 공익성 정책은 1940년대 중반에 FCC 공식 보고서, 형평성의 원칙(Fairness Doctrine), 허친스 위원회 등에서 시작되었고, 호르위츠(Horwitz, 1997)는 방송 소유권 통제 같은 공익적 미디어 정책이 1930년대에 결정되었다고 한다. 이는 사르노프가 NBC의 형식적인 회장이고, 후버가 대통령 선거에서 패배한 이후에 공익성 위주의 방송정책이 시행되었다는 것이다. 즉 사르노프와 후버의 방송 공익성 이념은 이념에 머무르고 정책화되지 못하였다는 것이다.

다섯째, 방송 초창기에는 국가권력 특히, 해군의 역할이 결정적이었다. 제1차 대전은 무선통신산업을 성장산업으로 부상시켰고, GE, 웨스팅 하우스, 아메리칸 마르코니 등이 전쟁 중에 맹활약하였다. 미국 통신대는 선박, 비행기, 자동차의 송수신에 필요한 진공관을 한꺼번에 8만개를 주문하여 무선통신의 실용화를 앞당겼다. 1918년 전쟁이 끝나자 라디오 방송은 미국 해군의 독점 하에 놓이게 되며, 미 해군과 국무부의 주도로 라디오를 국유화하자는 법안이 의회에 제출되었다. 미 육군은 해군이 라디오 방송을 관장하는 것에 대해 못마땅하기는 했지만, 같은 군부 차원에서 라디오를 국유화하는 법안을 지지하였다. 그러나 정부독점에 대한 반발이 거세지자, 해군은 차선책으로 군수산업체인 GE와 타협하여 해군이 마음대로 조정할 수 있는 민간기업체 RCA(Radio Corporation of America)를 탄생시켰다. 1919년 10월에 출범한 RCA는 외형상으로는 민간기업체지만, 실질적으로는 국영기업체의 성격이 짙었다. 미국시민 만이 RCA의 이사가 될 수 있고, 외국인은 20% 이상의 주식을 소유할 수 없고 미 정부의 대표자가 이사진에 포함되어야 한다는 조건을 가지고 있었다. 이로 인해 당시 영국의 영향력 하에 있던 아메리칸 마르코니도 반강제적으로 RCA에 흡수되었으며, 뒤이어 AT&T, UF(United Fruit)같은 대기업들이 참여하였다. 또한 해군제독 불라드(Bullard)가 정부대표로 RCA 이사회에 참여하여 RCA는 '군부독점의 민간버전'으로 불리기도 하였다(Barnouw, 1966; Douglas, 1987).

결국 방송제도에 관계없이 정부는 방송에 결정적인 영향력을 행사할 수 있는 장치를 가지고 있었다. 영국은 직접적인 정부통제 비판을 받지 않고, 재원을 국민들에게 넘기면서 정부의 의도대로 방송을 움직이는 장치로 공영방송을 선택하였다. 또한 미국 정부는 대자본 위주의 상업방송에 대한 후견인 역할을 하였다. 영국에서도 사기업 BBC의 방송면허에 중요한 역할을 한 제국통신위원회에서 방송정책의 중요한 쟁점들이 대부분 결정되었다. 체신부와 함께 해군이 제국통신위원회의 주요 정책을 실질적으로 결정하였다. 존 리스가 주도한 BBC에서도 부사장으로 카펜데일(Carpendale) 해군제독을 영입하여 군대식 조직문화에 입각한 중앙집중적 반지역주의를 정착시켰다(Burns, 1977; Coase, 1948).

여섯째, 방송제도에 상관없이 초창기 라디오 발전을 주도하였던 시민사회는 배제되거나 주변화 되었다. 미국의 전국라디오 회의에서도 상업방송과 아마추어들의 커뮤니케이션을 분리하여 상업방송을 특권화 하였다. 아이러니하게도 사르노프는 대기업 위주의 상업방송을 특권화 하고, 후버는 상업방송을 공익의 대변자로 포장하는 역할을 하였다. 그 결과 4차례에 걸친 전국라디오 회의는 대기업과 정부가 아마추어 커뮤니케이션 공동체 활동을 배제하고 전국적인 방송 산업으로 변화시키는 것이었다. 전국방송서비스를 확충하는 것은 방송관련 대기업에게 엄청난 부를 가져다주었고, 소규모 상업방송과 비상업방송사에 치명적인 결과를 초래하였다(Benjamin, 1998). 이에 대항하여 미국시민자유연합(American Civil Liberties Union, ACLU)은 1926년 초 상하원 청문회에서 출력 크기에 따른 공익 등급기준 대신에 서비스의 질적 내용을 기초로 공익원칙을 도입하고, 서비스에 따른 면허 과정에서 정부 검열의 위험성을 피하기 위해 면허승인 공청회와 공공 기록 보존 등과 같은 제도적 장치를 도입할 것을 제안하였다. 후버도 제4차 전국라디오회의에서 공중참여의 권리를 보장하기 위해 지역위원회(regional committee)의 설치와 운용을 제안한 바 있다. 후버의 제안은 대기업 선호 기술 정책접근과 규제기준을 맞추기 위해 '지역위원회'에 권한을 배분하는 것이었으나, 대기업에 의해 거부되었다(백미숙, 2005). 결국 대기업 친화적인 방송정책은 시민사회의 교육방송과 지역공동체 방송을 위축시켰다. 특히 AT&T가 10대들로부터 특허권을 구매하여 쌍방향 라디오텔레폰(two-way radio telephone)의 가능성을 말살하였다. 이를 통해 라디오는 군부와 기업의 필요에 의해 개발되고, 시민사회의 인기 있는 커뮤니케이션 도구로서의 가능성은 부차적이 되어 버렸다.

이상으로 영국과 미국의 초창기 방송정착 과정을 방송의 주요 인물 위주로 살펴보았다. 방송 역사에서 영국과 미국방송의 아버지라고 일컬어지는 존 리스와 데이비드 사르노프 못지않게 방송을 담당하는 정부부처의 핵심 관료인 브라운과 허버트 후버의 역할이 중요하다. 이는 방송역사에서 공영방송과 상업방송 이념을 과대포

장하고 실질적인 통제를 하는 정부의 역할을 은폐하기 위한 의도
성이 개제하였다는 것이 필자의 판단이다. BBC 독점, 광고 금지와
수신료 제도 도입, 중앙집중적 반지역주의를 실질적으로 창출한 것
은 체신부였으며, 존 리스는 BBC에서 정부 방침을 구현하였을 뿐
이다. 흔히 공영방송 이념을 창출하였다는 존 리스는 국가규제를
정당화하기 위한 과대 포장이라는 것이다.

반대로 미국은 방송자본의 대표인 사르노프와 정부규제의 수장
인 후버 모두 공익주의 방송철학을 제시하였지만, 표방한 것과는
달리 대기업 방송자본의 이익을 실질적으로 대변하였다. 사르노프
는 교육적 방송이념과 수신료 모델을 제시하고, 후버는 광고와 독
점을 반대하고 지역위주의 공동체 방송을 제안하였지만, 실질적으
로 정책으로 시행되지는 못하였다. 오히려 사르노프는 NBC방송의
실질적인 책임자로 대기업 자본 위주의 방송네트워크를 제안하였
고, 후버는 방송광고 반대를 철회하였다. 이처럼 사르노프와 후버
의 공익적 방송철학은 대기업 자본의 방송제도에서 현실화되지 못
하였다. 이로 인해 일부 방송역사가(Picard, 2011)들은 후버의 역할을
완전히 무시하였다.

또한 공영방송과 상업방송에 관계없이 국가권력, 특히 해군은
BBC와 NBC에 절대적인 영향력을 행사하였다. 그 결과 국가통합
을 명분으로 BBC의 지역방송이 말살 당하였으며, NBC와 같은 상
업방송이 공익의 수호자로 포장되어 시민사회의 교육과 공동체 방
송이 주변화 되었다. 이는 공익론자들이 주장하는 공영방송 우위
론(Garnham, 1983, 1986)이나 상업적 경쟁을 주장하는 시장주의(Pea-

cock Committee, 1986)의 근거가 희박하다는 것을 의미한다. 물론 정착한지 100년이 가까워진 초창기 방송이념이 시기와 국가적 특수성에 의해 많이 변화하였다. 그럼에도 불구하고 공익주의와 상업주의를 대표하는 초창기 영국과 미국방송이념은 명분에도 불구하고, 실질적으로는 국가, 특히 군부 이익을 위주로 설정된 것이 사실이다.

3장

독일방송의 위대한 노장,
한스 브레도프

존 리스가 BBC의 설립에 절대적이었다면, 한스 브레도프(Hans Bre-
dow, 1879-1959)는 독일방송의 설립에 많은 기여를 하였다. 전자회
사 대표와 체신부 관료출신인 브레도프는 독일방송의 계몽적 역
할에 주력하였고, 국민들이 방송 정책을 직접 선택하는 방송평의
회를 구현하였다. 국민들이 직접 방송정책을 선택하는 방송평의회
모델은 '하버마스의 공론장에 가까운 사민주의 공영방송모델'이라
는 평가를 받았다(Curran, 1991).

초창기 독일의 중앙 집중 방송모델

1차 대전 이후 왕정이 막을 내리고 의회정치가 시작되었다. 바이
마르 공화국은 혼란의 시기였고, 보수주의가 지배하던 시기로 국

가가 라디오의 설립을 주도하였다. 방송담당부서인 체신부(Reichs-post)는 1917년 전쟁 중의 실험방송을 시작으로, 1920년 오페라와 콘서트 실험방송을 시작하였다. 1920년부터 1922년까지 유선라디오 가입자에게 주식시세와 같은 경제정보를 방송하였다. 현대와 고전음악, 간략한 뉴스 등이 있었고 정치적인 토론이나 해설프로그램은 거의 없었다.

1923년 베를린을 시작으로 8개의 지역방송사가 설립되었다. 방송사들은 사기업이지만, 지역 독점으로 공공규제를 받았다. 개인투자회사들은 10% 이상의 지분을 가지지 못하였다. 또한 체신부와 주정부가 51%의 지분을 통해 절대적인 영향력을 행사하였다. 내무부도 뉴스통신사(DraDag)[12]를 통하여 뉴스와 정보 프로그램을 독점적으로 공급하였다. 1925년에는 체신부가 51%, 주정부가 49%를 가지는 제국방송회사(RRG)가 설립되었다. 체신부는 라디오 수신료를 징수하고, 관료출신을 제국방송회사의 대표로 임명하였다. 그나마 1932년에는 개인지분을 체신부에 매각하여 실질적인 공공기관이 되었다. 이처럼 바이마르 공화국의 방송은 청취자보다는 국가와 밀접하게 연결되었다. 체신부는 청취자들에게 월 2마르크의 수신료를 부과하고, 수신료 중에서 50%가 못되는 금액이 지역방송사들에게 분배되었다. 체신부 관리들은 방송을 새로운 재원으로 간주하였다. 체신부는 1차 대전 이후 재정적자를 겪었는데, 수신료는 이를 보충하는 수단이었다.

바이마르 공화국 말기인 1932년에 등록된 라디오는 420만대로 6,500만 독일 인구 가운데 1,000만 정도가 라디오를 듣는다는 것이다. 1,500명의 정규직원과 4만 명의 프리랜서를 보유한 라디오 회사는 독일 최대의 문화 분야 기업이었다. 1930년에 청취자들은 7,500만 마르크를 수신료로 지불하였고, 라디오 산업은 2억 마르크의 가치를 지닌 사업이었다. 라디오 수신기와 편성표 판매총액이 1억 2,000만과 3,000만 마르크였다. 라디오가 상당한 인기를 누렸지만, 대중문화에서 별반 주목하지 않았고, 전문가들은 방송에 대한 공공규제에만 관심을 가지고 있었다(Führer, 1997).

1920년대 말 대공황에 따른 실업사태는 히틀러의 나치 독재로 연결되고 라디오는 권력 통치수단으로 이용되었다. 나치는 1933년 1월에 집권하여 방송사를 중앙통제 하였다. 나치는 1-2개의 전파수신만 가능한 값싼 수신기를 대량 보급하였다. 1933년에 450만

---

12 독일 초기 라디오는 문화매체로만 기능하였기 때문에 저널리즘과 정치적 기능은 배제되었다. 강연과 음악, 과학과 문학을 주로 방송하고 뉴스와 정치프로그램은 감독기구의 엄격한 감시를 거친 후에 방송하는 것이 가능하였다. 브레도프는 정당의 정치적 공격으로부터 신생 산업을 보호하기 위해 비정치적인 '교육과 오락'을 강조하였다. 체신부와 브레도프의 정책은 내무부(Reich Ministry of Interior, RMI)의 강력한 반대에 직면한다. 내무부는 방송의 정치적 기능을 대중들에게 적극적으로 전파하고자 하였다. 내무부는 1871년 제국신문법에서 공공안전과 질서를 명분으로 신문을 규제하고, 방송저널리즘도 규제하려고 하였다. 그 결과 모든 뉴스와 정치적 프로그램은 내무부의 이익을 대변하는 사기업 Dradag가 독점공급하였다. 지역방송국의 편성담당자는 Dradag가 공급하는 프로그램 가운데 선택할 수 있으며, 내용변경은 금지되었다. 브레도프는 방송이 시작된 1923년부터 1926년까지 내무부와 오랫동안 협상하였다. 협상의 결과로 1926년에 체신부와 한스 브레도프가 방송을 완전히 통제하게 되었다. 명목상으로는 내무부가 정치적 프로그램에 대해 독점을 유지하였으나, 실질적인 권력은 최소화되었다. Dradag는 다양한 정치적 견해를 반영하기 위해 위원회 위원을 대폭 늘렸다. 이는 정치적 충격을 중립화하는 기관으로 실제로는 한스 브레도프의 '탈정치적 방송체제(de-politicized system)'의 개념이 반영되었다(Peck, 1983).

대에서 1942년에 1,600만대로 늘어났다. 청취자 확대를 위하여 다방이나 공공시설에 확성기를 부착한 라디오를 설치하였다. 라디오 감시관을 두고 자신들의 의도대로 국민들이 방송을 청취하는 것을 체크하였다. 히틀러가 매주 방송하였던 연설과 선택된 음악 그리고 대중조작에 알맞은 뉴스로 된 감정적 프로그램을 조합하여 효과를 보았다. 슈트라우스의 군대 행진곡이 단골메뉴가 되고, 히틀러의 생일에는 베토벤의 에로이카가 연주되었다. 유행 포크 음악도 이용되었으나, 섹스폰은 퇴폐적이라는 이유로 금지되었다. 일요일에는 군대의 사기 진작용 프로그램이 방송되고 〈릴리 마를렌, Lili Marleen〉[13], 나치당가인 〈홀스트 벳셀의 노래, Horst Wessel Lied〉 등이 방송되었다(유일상, 목철수, 1989). 나치는 나치 이데올로기와 국가주의를 내중에게 전파하고 주입하는 기제로 TV를 활용하였다. 나치는 1935년에 세계 최초로 정규 TV방송을 시작하였다. TV는 공공장소에 설치되어 1주일에 3일씩 고정적인 편성 스케줄

---

13 릴리 마를렌(Lili Marleen, 또는 Lili Marlene, Lili Marlène 등으로 불림)은 제2차 세계 대전 당시 양 진영 모두에서 유명해진 독일의 사랑 노래이다. 가사는 1915년 제1차 세계대전 당시 독일 제국군에 징집된 함부르크 출신의 한스 라이프(Hans Leip, 1893-1983)가 썼으며, 들리는 바에 의하면 제목은 그의 애인인 릴리와 군 간호사 마를렌의 이름을 조합했다고 한다. 이것은 1939년 랄레 안데르센(Lale Andersen)에 의해 녹음되었다. 후에 1941년 독일군방송이 된 벨그라데 라이오 방송(Radio Belgrade)이 음반 더미에서 이 앨범을 찾아냈고, 다른 음반의 부족으로 이 음악을 빈번히 틀었다고 한다. 나치 정부의 선전 장관 요제프 괴벨스(Joseph Goebbels)는 이 음악을 방송금지 명령했으나, 이 음악을 다시 틀어달라는 군인들의 편지가 방송국에 쏟아져 들어오자, 괴벨스는 마지못해 자신의 마음을 바꾼다. 이때부터 이 노래는 오후 9시 55분에 방송되고 인기가 급상승하였다[위키백과].

에 따라 방송되었다(Brown, 1989). 시민회관이나 공회당에 사람들을 모아놓고 TV를 통해 이데올로기 교육을 수행하였다.[14]

독일방송의 위대한 노장(Grand Old Man), 한스 브레도프

브레도프는 1879년 독일 포맬라니아의 작은 도시인 슐라베(Schlawe, 지금은 폴란드 지역)에서 태어났다. 어린 시절 어머니가 돌아가셔서 가족들이 렌즈버그로 이주하였다. 1900년에 킬 대학(Kiel University) 에서 전자공학을 전공하고, 나중에 프리드리히 대학(Friedrich University)에서도 공부하였다. 리가에서 AEG(General Electric Association) 에 입사하여 엔지니어가 되었고, 1904년에 독일 무선통신회사(나중 에 텔레푼켄이 됨)로 옮겨 페테르부르크에서 매니저 일을 하였다. 러일 전쟁 때부터 세계 각지에서 무선송신시설을 구축하였다. 1차 대전에서 텔레푼켄(Telefunken, Funk Telegraphy Society mbH, 라디오 수신기 제조업체)의 국장으로 독일군의 무선라디오장비를 통하여 서부전선

---

14 나치 독일에서는 세 가지 TV모델이 연구되었다. 첫째, 대중적으로 친숙하게 사용되는 전화 모델이다. 특정 장소와 장소를 연결 시켜 주는 전화방식과 유사한 TV 방식이다. 둘째, 가정의 라디오 모델이다. 라디오와 같이 청취자들이 집안에서 듣는 매체를 이용하되, 영상이 결합되었다. 깨끗한 화면을 제공할 수 없었던 180 주사선 단계에서, 집안에서 TV를 이용하는 방안이 현실적으로 여겨졌다. 셋째, TV를 영화와 같은 공공장소(극장이나 TV홀)에서 상연하는 시각매체로 사용하는 것이다. 국가적 이벤트 등을 중계 하는 TV의 공적 상연 모델은 개개의 가족들이 중앙집중화된 방송국에서 제공하는 미국식 TV모델과는 커다란 차이를 가진다. 세 가지 방안 가운데 나치는 공적 시청 TV모델을 채택하였다(이기형, 2004).

에 오락프로그램을 제공하였다.

브레도프는 1919년에 체신부의 방송담당부서인 무선통신국 (Wireless and telegraph departments) 국장으로 발령받아 방송통신 분야의 총괄책임자가 되었다. 1919년 6월에는 베를린에서 열린 무선통신기술자 컨퍼런스에서 무선장비를 이용하여 전국에 연설과 음악을 전송하는 방송사업의 비전에 대해 연설하였다. 1922년에는 독일에 44개의 방송국이 설립되었다. 이들은 주로 경제뉴스, 음악 등을 방송하였다. 1925년에 독일의 연방방송회사인 독일제국방송 (RRG)이 설립되었다. 그는 1926년에 체신부를 사직하고 독일제국방송(RRG)의 행정평의회 의장 겸 사장이 되었다. 1926년에 또 다른 방송인 DW(Deutsche Welle)가 설립되어 외국방송을 전담하였다. 1933년에 나치가 집권하면서 사직서를 제출하였다. 제국방송회사의 직원들이 체포되자, 대통령과 괴링, 히틀러에게 부당함을 알리는 전신을 보냈다. 브레도프도 15개월간 감옥 생활을 하였다. 브레도프는 나치의 국가사회주의당에 의해 해고되었지만, 나치와 타협하지 않음으로써 '독일 방송의 위대한 노장(Grand Old Man)'이라는 명성은 여전했다. 이차대전 후에 미국과 영국의 방송설립업무를 자문해 주면서 프랑크푸르트에 있는 헤센주방송(HR)의 행정평의회 의장(Intendant, 사장)이 되었다. 그는 전통적인 문명화의 임무를 추진하였으며, 방송기구의 '통일'을 꾀하였다. 그는 행정평의회 의장들로 구성되는 '정책 네트워크(policy network)'를 통해 방송사 통제의 균형성을 유지하고자 하였다. 그는 '정치적'이라는 이유로 사장(Intendant) 체제를 좋아하지 않았다(Humphreys, 1990/1994).

전후의 지역분권 독일방송모델

독일의 방송은 바이마르 공화국 시기에 시작되어 나치의 전체주의 방송통제를 겪다가, 2차대전 이후 연합군 점령 하에서 분권적 방송체제로 거듭 났다. 당시에 독일 정치가들은 군정의 방송이식정책을 수용하지 않았다. 독일 정치인들은 외국에서 이식된 방송제도보다는 바이마르 공화국시대의 방송 제도를 재현하려고 하였다. 하지만, 연합군정과 독일은 영국식 공영방송 제도를 이식하는데 최종 합의했다. 어려운 경제상황 때문에 기업 광고에 의존하는 미국식 상업방송제도의 이식 정책은 포기하였다. 프랑스 군정은 자국의 중앙 집중적 국영방송제도를 이식하려고 하였지만, 나치의 전체주의가 부활할 소지가 있어서 포기했다. 따라서 연합군정은 영국군정이 제의한 공영방송 제도를 독일에 이식하는 데 합의했다.

일반적으로 영국의 공영방송제도가 전후 독일의 새로운 방송제도로 이식되었다고 알려져 있다. 영국식 공영방송제도가 영국의 점령지인 독일의 북서부방송(NWDR)에 이식되었고, 이것이 독일 공영방송제도의 토대가 되었던 것은 사실이다. 하지만 BBC 모델의 이식과정은 독일 정치인들의 저항에 직면하여 절반의 성공만 거두었다. 영국은 원래 중앙집권적 단일모델을 선호하였으나, 주정부와 정당들의 반발에 의해 지역분권 모델을 채택하였다. 또한 방송정책을 결정하는 방송평의회도 저널리스트 연맹 같은 전문가 집단으로 구성하고, 영국군정이 이를 감독하고자 하였으나, 주정부와 정당이 절반 이상을 선임하여 정치적 영향력으로부터 자유롭지 못하였다.[15] 독일 정치인들은 새로운 방송체제의 조직화에 결정적인 역할을 하였다. 예를 들어 브레도프는 그린에게 독일정당의 위험성을 경고하였다. 브레도프는 독일방송의 초기 역사에서 가장 중요한 인물이었다. 그는 방송이 문화와 교육의 도구이어야 한다고 하였다. 이차대전후에 그는 미군의 컨설턴트이면서, 영국의 그린과 많은 접촉을 하였다. 영국은 1. 영국 존에서는 각 주간 경계선을 따라 방송이 설립되어서는 안 된다. 전체 영국 존에서 중앙단일 방송국을 설립되어야 한다는 것이다. 2. 영국 존에서는 영국기구가 방송평의회 위원들을 선임하고 감시해야 한다는 것이다. 하지만 영국은 이를 성취하지 못하였다. 1947년 12월 31일 소위 'NWDR법'이 도입되었는데, 이는 영국과 독일의 타협물이다. 법 이전에 휴 그린은 교회, 정당, 노조, 대학의 대표들과 많은 심층 토론을 하였다. 하지만 공영방송에 대한 정치적 저항이 어느 정도 성과를 거두어 5개 정당의 요구를 수용했다. 자문위원회에서 방송평의회 위원을 16인으로 하고, 주정치인과 주정부가 위촉하는 4명의 장관과 4명의 교육대표로 하는 방안을 수용하였다. 방송평의회는 7명의 행정

---

15 독일 정당을 중심으로 공영방송제도에 대한 많은 반발이 있었다. 1946년 영국 점령군들은 독일 정치인들과 방송에 대해 많은 토론을 하였다. 이들은 선거에서 5개의 정당이 방송시간을 할애하는 것을 토론하였다. 방송에서 다른 정당을 공격하지 않는 것으로 합의되었다. 독일 정당들은 영국의 이해만 고려하고, 독일의 이해를 고려하지 않는 것에 대해 불만을 토로하였다. 특히 사민당의 프리츠 하이네(Fritz Heine, 1904-2002)는 전쟁 중에 런던으로 갔다가 1946년 북부 독일로 돌아와 SPD의 핵심 정치인이 되었다. 그는 정당들이 같은 방송시간을 할애 받는 것에 불만을 표시하고, 선거에서 나타난 표를 반영해야 한다고 하였다. 하지만 영국군은 이를 받아들이지 않았다.

평의회와 사장을 선임하는 권리를 가진다. 이러한 상호감시 및 견제 체제는 한 가지 핵심적인 문제가 있다. 영국에서는 경영위원회 위원들을 여왕이 선임하는 반면, 독일에는 이에 상응하는 헌법적 기구가 없다. 따라서 방송평의회는 사회관계그룹에서 골고루 선임된다. 하지만 대표자들이 저널리스트연맹이나 연극인 연맹 같은 곳에서 선임되는 것이 아니라, 절반 정도는 주정치인들이 선임된다. 그린은 이를 받아들였지만, 정치적 영향력이 과도하게 된 것을 비판하였다. 그린은 대신에 방송을 독립적인 기구로 만들었다. 독일인(전후 독일의 재무장관인 콘라드 아덴아워 등) 들은 독립적인 공영방송에 대해서도 불만을 표시하였다. 사민당의 하이네(Heine)도 방송이 '진실한 민주적 통제'를 받는 것보다는 '협동적'이고 '불투명한 로비'에 기대되는 것을 선호하였다(Wagner, 2015).

표6 | 독일 방송의 역사

연도	내용
1945. 5	– 함부르크에 있는 마지막 나치방송이 영국군의 수중에 들어옴. – 라디오 함부르크라는 이름으로 지속되며, 나중에 NWDR이 됨.
1945. 5	– 'Radio Munich' (나중에 BR)가 미국진영에서 운영 시작. – 독일 전역의 방송국들이 두방송국에 이어 방송시작.
1948. 1	– 영국주둔지의 NWDR 통제권이 독일로 완전 이양. – 1948년에 다른 방송국들도 독일로 이양됨.
1950. 8	– ARD 설립. – NWDR이 NDR, SFB와 WDR로 분할.
1953. 2 1953. 3	– 아덴아워 정부에서 연방방송을 추구하는 법령초안이 나왔지만, 극렬한 반대속에 폐기됨. – ARD 지역방송들이 전국채널 DFS 또는 ARD라는 최초의 전국채널을 출범하기 위한 네트워크 형성.
1959. 6 1959. 9	– Kiel 주수상이 두번째 전국채널 제안서 제출. – 아덴아워 정부는 두번째 전국채널(상업방송) 제안을 별도로 제출. 연방법으로 처리.
1960. 8	– 함부르크 사민당이 연방헌법재판소에 연방법의 위헌소송제기, 다른 주들도 제기함.
1961. 2 1961. 6	– 연방헌법재판소의 '1차TV판결'은 방송이 연방이 아닌 주의 권리에 해당한다고 규정. – 수상은 슈투트가르트에서 ZDF를 설립하는 주간국가협약에서 서명.
1961. 9	– BR이 세 번째 채널을 시작하는 최초의 공영방송조직이 됨. 다른 지역방송도 시작함.
1971. 7	– 연방헌법재판소의 '부가세판결'로 연방정부의 수신료에 대한 부가세 부과 방침 무산됨.
1972. 1	– 기민당이 BR을 통제하기 위한 수정안 제출하였지만, 기민당이 반대하고 항의집회가 계속되면서 철회함.
1979–1981	– NDR을 통제하기 위해 기민당과 사민당의 갈등이 지속되다가 일부지역을 대상으로 타협이 됨.

1950년 독일 연방공화국의 기본법이 제정되면서 각주들의 자치권이 보장되었고, 1년 후에 각주의 방송사들이 방송연합체인 ARD를 결성하였다. ARD는 구성원들이 느슨하게 통합된 우산조직으로 결성되었다. 아덴나워(Konrad Adenauer) 정부는 1955년 북서부독일 방송(NWDR)을 서부독일방송(WDR)과 북부독일방송(NDR)으로 분리하였다. 가장 큰 도시인 쾰른을 지닌 라인-루르 지역과 함부르크 지역의 경제력과 문화적 정서의 차이를 반영한 것이다. 독일이 연합군의 영향에서 벗어나 완전한 주권국가가 되었을 때에 NWDR은 NDR과 WDR로 분리되었다. 영국존의 중앙화된 방송체제가 독일의 분권적 방송체제로 바뀌는 것을 의미한다(Potschka, 2012). 1958년 ARD는 9개의 방송사가 방송국의 규모와 수신료 징수비율에 의거하여 프로그램 공급비율을 결정하였다. 규모가 큰 서부독일방송사(WDR), 북부독일방송사(NDR), 바이에른방송사(BR)가 대부분의 프로그램을 제작하며, 전국뉴스는 함부르크에서 제작되었다. 저녁 6시에서 8시 사이에 뉴스와 광고를 포함하여 주 방송사들이 독자적으로 방송하였다.

독일에서도 제2의 방송을 상업채널로 하자는 움직임이 있었다. 1960년 6월의 텔레비전 파동(Femsehstreit)으로 연방정부와 주정부 그리고 여당과 야당이 첨예하게 대립하였다. 아덴나워(Konrad Adenauer) 수상이 이끄는 연방정부는 연방정부가 51%, 주정부들이 49%를 투자하고, 편성내용을 감독하는 방송감시위원회 위원 15명 중에 10명을 연방정부가 직접 임명하는 상업방송의 설립을 추진했다. 7월에 아데나워 (Konrad Adenauer) 수상은 상업 텔레비전 방송사로 설립될 유한회사 독일 텔레비전(Deutschlandemsehen GmbH)의 정관에 서명했다. 하지만, 주정부들은 민영 텔레비전 방송사의 설립을 위한 참여분담금을 출자할 재정적 여유가 없었다. 연방정부는 주정부의 분담금을 대신하여 전액 출자하여 신설 민영 텔레비전의 단일 운영자가 되었다. 이에 야당과 주정부가 반대하였다. 야당인 사회민주당(SPD)이 통치하던 함부르크시, 브레멘시, 니더작센주, 헤센주가 유한회사 독일텔레비전(Deutschland-Fernsehen GmbH)의 설립이 위법이라고 연방헌법재판소에 제소했다. 연방헌법재판소는 제1차 텔레비전판결을 통해 위헌결정을 내렸다. 연방정부의 방송에 대한 권한은 기술적인 송출업무에만 한정되고, 문화적 산물의 특징을 지닌 방송은 각주정부의 입법권한에 귀속된다는 것이다. 연방헌법재판소의 결정은 국민으로부터 압도적인 지지를 받던 아데나워 연방정부의 지지기반을 흔들었다.

연방정부의 중앙 집중적 상업방송 설립을 저지한 사민당과 주정부들은 제2의 공영방송을 설립하였다. ZDF는 ARD의 자회사이지만, 지역방송연합체가 아니라 단일회사이다(최정우, 2009). ARD가 지역방송연합체라면, ZDF는 중앙집권형 전국방송이며, 두 방송사는 협력과 견제를 한다. 주지사들은 1961년 마인츠(Mainz)에 총괄본부를 두는 제2독일텔레비전방송(ZDF: Zweites Deutsches Femsehen)의 설립을 위한 국가협약과 감독기구인 텔레비전위원회(Fernsehrat)의 구성에 서명했다. 지역분권형 제1텔레비전 ARD와 전국단일형 제2텔레비전 ZDF가 병존하는 새로운 독일식 공영방송모델이 확립되었다. ARD는 전체 수신료의 30%를 ZDF에 주어 재정을 뒷받

침했다. ARD와 ZDF는 협동적 교차 방송을 하고, 시청자의 선택기회를 보장하기 위해 경쟁편성을 금지하였다. 아데나워 정부의 상업방송 정책에 의해 유발된 텔레비전 파동은 이원적 공영방송모델을 정착시켰다(최정우, 2009). 세 번째 공영채널은 1960년대 서독의 일부 주에서 다양하게 도입되었다. 1991년에 동서독이 통일되면서 2개의 새로운 방송사가 생겼다. MDR은 삭소니주, 삭소니-안할트주, 튀링겐주에서 방송하고, RB는 브란덴부르크 주에서 방송한다. 메클렌부르크-보포맨주는 NDR이 방송한다(Barendt, 1993)

공영방송의 재정은 주된 재원인 수신료와 보조 재원인 광고를 통해 확보된다. 1975년에 주지사들은 방송재정수요조사위원회(KEF)를 상설기구로 설립하였다. 방송재정수요조사위원회는 방송재정을 합리적으로 확보하고 집행하기 위하여 주정부, 연방정부, 회계전문기관에서 파견된 대표자로 구성된다. 체신부가 관장하던 수신료의 수납과 배분업무는 1976년에 발족된 독일연방공화국 공영방송 수신료수납처(GEZ)가 맡았다. 수신료의 30%를 우선적으로 ZDF에 배분하고, 70%의 수신료 는 주방송사에 할당한다. 할당비율은 지역 방송의 시청권 내에서 신고한 수신자 수에 의해 차등배분의 원칙이 적용된다. 수신자 수가 적은 브레멘방송, 자르방송, 자유베를린 방송은 ARD가 총 수입 중에 30%를 배분하는 재정조정정책에 의해 지원된다. 1987년의 방송국가협약에 따라 텔레비전과 라디오의 광고시간은 엄격히 제한된다. 1일 광고시간은 총 20분 이상을 초과할 수 없으며, 광고는 일반프로그램과 구분하여 일정시간에만 집중적으로 방영하도록 했다. 평일에는 오후 8시 이전에만 광고를 하고, 일요일과 공휴일은 광고방송을 편성할 수 없다. ZDF는 오후 6시 50분부터 7시 30분, ARD는 지역프로그램이 방영되는 오후 6시부터 8시 사이에만 광고를 방영할 수 있다. 이러한 수신료 배분 방식과 광고시간 규정은 독일의 공영방송 제도를 실질적으로 정착시키는 토대가 되었다. 이는 공영방송에 대한 정치적, 경제적인 영향력을 배제할 수 있는 조치이다(최정우, 2009).

ZDF는 마인츠의 근교도시에 주 제작시설을, 베를린, 함부르크, 뮌헨 등 전국의 여러 도시에 소규모 스튜디오를 두었다. ZDF는 TV평의회(Fernsehrat), 경영평의회 및 사장에 의해 운영된다. TV위원회는 각계를 대표하는 77명의 위원으로 구성되며 사장선출 등을 하는 최고의사결정기구이다. 9인으로 구성되는 행정위원회는 사장의 활동과 행정업무를 감독한다. ZDF는 마인츠에 본부를 두고, 각주에 지역 스튜디오를 두고 있다. ZDF는 독일과 세계적인 사건들에 대한 포괄적인 정보를 객관적으로 전달하고, 각 주에서 일어난 사건과 다양한 문화를 방송해야 한다. 1960년대에 '공동결정(Mitbestimmung)' 제도를 도입하였다. 방송국 기자들이 자신의 기사에 대해 의견을 표출하고, 편집결정에 참여하며, 방송평의회에 대표를 참여시키는 것이다(Brown, 1989).

독일의 방송평의회 모델

주 방송은 방송평의회, 행정평의회(Verwaltungsrat)와 사장(Intendant) 체제로 운영된다. 방송평의회(Rundfunkrat)는 의회, 교회, 고용자, 노조, 대학, 문화와 스포츠연합, 여성, 노인, 외국인을 위한 기구 등 사회집단의 대표들로 구성되는 최고의사결정기구로 사장 선출과 방송 감독권이 있다. 행정평의회는 방송사의 행정업무를 감독하고, 사장은 방송사의 대표이다(Open Society Institute, 2005). ARD와 ZDF는 각각 40% 정도의 시장점유율을 지니고 있어서 강력한 공영방송체제를 유지하고 있다.

독일의 가장 중요한 방송구조 개혁은 공영방송에 방송평의회 (Rundfunkrat)를 두는 것이다. 방송평의회는 공중을 대표하여 방송을 통제하는 곳으로 경영평의회 위원과 사장을 선임한다. 방송평의회는 미국식 조합주의/다원주의 모델(corporate/pluralistic principle)과 영국식 의회모델(parliamentary principle)이 있다. 대부분의 주에서는 조합주의 모델을 채택하였는데, 노조, 고용주와 사업단체, 교회, 대학, 지역단체와 같은 주요 사회관계 그룹(social relevant group)이 평의원을 선임하고, 주 의회는 적은 숫자의 위원만 선임한다. 2년마다 1/3이 교체되고, 재임이 허용된다. 사회관계그룹들이 정치적으로 가까운 정당에 우호적인 것을 제한하는 규정은 없다. 반대로 영국의 영향을 받은 의회모델은 주 의회가 주로 선임한다. NDR과 WDR에서는 주 의회가 비례원칙(proporz)에 의해 선임하며, 주 정치인의 숫자가 제한된다.[16] 독일 방송이 영국영향에서 벗어나 중앙집권모델보다는 지역분권적 모델을 채택하고, 영국식 전문가형

모델보다는 방송에서 정치인을 포함하는 조합형을 채택하였다. 하지만 시민사회보다는 의회에서 방송평의회 구성원을 채택하는 비례대표 원칙은 BBC의 엘리트주의가 반영되었다는 것을 의미한다 (Potschka, 2012).

의회모델에서 사회관계그룹들은 방송평의회 산하의 프로그램 자문위원회로 구성된다. 방송평의회의 구성은 주법에 규정되어 있다. 방송평의회는 보통 30-40명으로 구성된다. 보통 정부에서 1명, 각 정당에서 1명, 가톨릭과 신교도, 유태인, 노조평의회, 스포츠계, 여성·청소년단체, 교사, 농협, 음악계 등에서 1명 정도가 포함된다. 방송평의회가 조합모델로 구성되면, 정당대표는 방송평의회에서 소수가 된다. 정치인들이 많이 참여한 곳은 NDR과 WDR의 의회 모델이다. 모든 위원들은 주 의회에서 선출되며, 정당은 의석수에 따라 추천권을 갖는다. 1980년에 의회모델에서 커다란 변화가 일어났다. 정치적인 대표의 숫자가 1/3로 제한되었다. 바바리아 지방법은 1972년 주민투표에 의한 개정안에 이 조항을 포함하였다. 방송평의회는 두개의 조직으로 방송사를 관장할 책임을 나누어 가졌다. 그 하나는 경영위원회이고, 다른 하나는 사장(Intendant)이다. 경

---

16 연방헌법재판소는 제14차 방송 판결인 〈ZDF지배구조〉 판결을 통해 공영방송 평의회에서 정치인의 비중을 1/3 이하로 줄이도록 결정했다. 특히 경영평의회에 현직 주지사와 정치인이 참여할 경우에 방송 경영에 직접적인 영향력을 행사하고 방송을 국가권력이 통제한다고 볼 수 있으므로 참여 자체를 엄격히 제한하도록 결정했다. 연방헌법재판소 판결은 2015년 6월 30일을 시한으로 모든 공영방송에서 관련 규정을 개정하도록 강제했다(심영섭, 2018).

영위원회는 보통 7-9인으로 구성된 작은 규모의 기구이다. 방송평의회에서 경영위원을 선출하며, 위원 중 1명은 주정부가 임명한다. 경영위원회는 방송사의 운영, 즉 예산계획, 연차보고서 작성 등의 책무를 지니고 있다. 경영위원회는 보통 프로그램 문제에는 관여하지 않는다. 방송평의회에서 사장을 임명하며, 임기는 보통 5년이다. 사장은 법적으로 방송사를 대표하고 경영위원회의 동의를 얻어 주요 간부를 임명하고 프로그램 편성과 재원 계획을 마련한다. 사실상 사장이 중요한 결정을 내리며, 방송평의회는 전반적인 감독의 역할을 수행한다. 정당, 노동조합, 교회 등 이미 잘 확립된 부문의 이해는 잘 반영된다. 하지만 일반 개인이나 힘이 약한 집단의 이해는 잘 반영되지 않는다. 방송평의회는 규모가 큰 조직이며 1년에 몇 번의 회합을 가지지 않는다. 위원들은 공익에 의거하여 행동해야 한다고 요구함에도 불구하고, 정당이나 이해집단의 영향에서 자유롭지 못하다(Barendt, 1993).

전문형과 조합형 공영방송은 영국과 독일의 전통과 특수성을 배경으로 형성되었기 때문에 평면적인 비교나 우열을 가리기는 힘들다. 그럼에도 불구하고 본 연구에서 대표성과 참여도를 기준으로 BBC와 ARD/ZDF 모델을 평가하면 다음과 같다. 첫째, BBC 경영위원회는 기득권층을 대변하는 한계가 있지만, 예외적인 경우를 제외하고는 정부 비판적 기능을 하여 대표성이 높다. BBC는 1926년 노동총파업과 1980년대 대처주의 하에서 정권 편향적이었지만, 이는 예외적인 경우이다. BBC는 노동총파업에 대한 야당과 종교계의 입장 표명 요청을 거부하고 친정부적 편향성을 보였고, 존 리스

사장은 수상의 파업비판 성명서를 수정하는 역할까지 하였다. 또한 대처수상의 BBC 탄압에 대해 경영위원회와 사장은 굴종하여 비판적 프로그램 방송을 중지하기도 하였다. BBC 역사에서 경영위원회가 이처럼 정부편향적인 경우도 있었지만, 정부 비판 기능을 한 경우도 많았다. 1950년대 수에즈 운하, 대처 수상 시절의 포클랜드 전쟁보도는 물론이고, 2000년대 이라크 전쟁보도에서 정부를 비판하였다. 이는 BBC 사장과 경영위원들이 영국사회에서 검증된 사람들로 선정되어 명예를 중요하게 여기고 BBC의 자율성을 지키려는 전통과 무관하지 않다. 크로포드 위원회는 '사업적 통찰력과 풍부한 인생경험을 가진 사람들'을, 베버리지 위원회는 '최고의 품질(first rate quality)을 가진 사람들'로, 필킹턴 위원회는 '탁월한(remarkable) 사람들'로 BBC경영위원회를 구성하여 독립성을 유지해야 한다고 하였다. 특히 수상이 자기사람으로 판단한 사람도 정부에 비판적인 태도를 취한 경우가 많았다(Paulu, 1981, 129).

또한 BBC는 정부와 의회 책무성이 높지만, 공중 책무성(account-ability)이 낮다. BBC는 전통적으로 시청자위원회를 비롯하여 자문기구들을 형식적으로 운영하였다는 평가를 받는다. 공영방송의 모범인 영국에서 시청자위원회가 단순 자문기구로 전락한 것은 국민주권이 대의민주제에 가려졌기 때문이다. 처음부터 공영방송이 시민보다는 전문가 서비스로 정착되어 시청자들이 원하는 것보다는 시청자들이 필요한 것을 방송하는 가부장주의(paternalism)로 고착되었다. 심지어 BBC는 출구(exit, 법적으로 수신료를 내지 않고 TV를 시청할 수 없음)나 목소리(voice, 시청자들의 권리 행사)를 낼 수 없는 '봉

표7 | 공영방송의 지배구조 비교 분석

	영국 BBC 모델	독일 ARD/ZDF 모델
대의제 형식	-엘리트적 일반 이익	-시민형 일반이익
다원주의	-내적 다원주의	-내적 다원주의
위원선임	-정부가 패널 들의 추천 결과를 여왕에게 올림	-주 수상이 대표성을 가지고 천거된 사람 임명
결정권	-정부	-정당과 사회적 관계그룹
장점	-방송의 자율성 -정부비판 기능	-정당과 시민사회의 합의
단점	-기득권층 위주 -정부의 간접 통제 -수용자 의견에 무관심	-정당정치화 -사회그룹 선정의 어려움

건(feudal) 체제'라는 비판까지 받았다(Collins & Sujon, 2007). 이처럼 BBC의 전문직 모델은 정부가 선임하고 시민사회의 참여가 부족하다. 그럼에도 불구하고 특별한 시기를 제외하고는 장관이 BBC와 사전에 논의하고 집권당의 원내총무가 야당과 합의하여 경영위원을 선임하기 때문에 '승자가 독식'하는 다수주의 모델과는 다르다 (Madge, 1989). 역사적으로 영국의 공영방송은 시민사회의 직접적인 참여가 낮고 엘리트 위주로 운영되지만, 정부에 비판적이거나 중립적인 역사적 경험 또한 적지 않다. 따라서 참여도는 낮지만, 대표성은 비교적 높은 공영방송 지배구조이다.

둘째, 독일의 조합형 공영방송은 대표성과 참여도가 높은 민주적 미디어 공론장과 가깝다. 독일의 방송평의회 모델은 정당의 정치대표성이 과도하게 표현되고 소수정당이 배제되었다는 비판을 받았다. 사회관계그룹이나 교회와 같은 독립적인 위원들도 소위 정당의 '서클친구(circles of friendship)'인 경우가 많다는 것이다. 대부분의 위원들은 단순히 정당 노선을 따라서 의사결정을 하지는 않지만, 위원들이 독립적이고 충분한 정보를 가지고 결론을 내리기 힘들다는 것이다(Porter & Hasselbach, 1991). 이처럼 방송평의회 모델은 정당과 시민사회가 함께 운영하는 모델이긴 하지만, 정치 지배적이고 비효율적이라는 비판을 받았다.

하지만 영미식 자유주의 모델과는 달리 독일에서 정당은 공공생활의 도구이며 다원주의를 실현하는 곳이다. 정당에 대한 강한 의존은 방송을 포함하여 독일인들의 삶 전반에 스며들어 있다. 또한 연방헌법재판소는 정당뿐만 아니라 다른 이익결사체들이 방송정책의사결정에 참여할 것을 보장한다. 따라서 정당 지배적이라는 것은 영미식 자유주의의 관점에 입각한 비판이다(Porter & Hasselbach, 1991). 방송평의회는 사회적 합의에 의해 구성되었다. 정당 정치화는 역설적으로 국가의 부정적인 지배를 막기 위한 모델이다. 독일공영방송은 좌파와 우파지역의 생산물들을 조합하여 전국네트워크에서 방송된다. 또한 방송평의회 위원들은 사회적으로 중요한 그룹들을 규정하는 세세한 법에 의해 다원적으로 임명하기 때문에 영국의 신탁 모델에 비해 민주적으로 구성되기 때문에 대표성과 참여도가 높다(Cialiga, 2013; Curran, 2002; Humphreys, 1996).

자유주의와 조합주의 방송 모델 비교

BBC는 초창기에 수신기제조업체 중심의 사기업으로 출발하였으나, 체신부가 통제하는 공영모델로 발전하였다. 독일이나 스칸디나비아 국가들도 비슷한 과정을 거치며 사기업에서 공기업으로 변화하였다. 독일은 일차대전 패전국의 책임을 지고 과도한 부채를 안으면서, 방송은 관료제 행정기구의 일부분으로 취급되었다. 차이는 영국의 BBC가 자유주의 모델로 정치집단과 거리를 유지한 반면, 사민주의 국가들은 정치권과 시민사회가 방송을 함께 운영하였다는 것이다.

첫째, BBC는 법보다는 여왕의 칙허장과 문화부의 면허협정서에 의해, 사민주의 국가들은 의회법 또는 주법에 의거하여 공영방송을 운영하였다. 칙허장과 면허협정서는 BBC가 1927년 공영방송으로 전환되면서 제도화되었다. 당시 체신부는 의회법이나 회사법으로 설립할 것을 제안한 크로퍼드 위원회의 권고안(The Crawford Committee, 1926)을 무시하고 여왕과 체신부가 관장하는 칙허장과 면허협정서를 채택하였다. 체신부는 BBC에게 필요한 '지위와 존엄성'을 칙허장의 채택이유로 제시하였으나, 실질적으로는 의회의 간섭을 배제하기 위한 것이었다. 반면, 사민주의 국가들은 의회법에 의해 공영방송을 운영하여 관료제의 간섭에 대한 의회의 견제가 가능하였다. 특히 독일은 연방헌법재판소가 독립적인 방송정책의 수호자 기능을 하였다. 연방헌법재판소는 1961년에 아데나워 연방정부가 방송을 중앙통제하려고 할 때에 각주들의 문화적 주권을 수호하고, 1971년에는 부가가치세 판결을 통해 연방정부의 방송진

입시도를 막기도 하였다. 또한 1980년대 이후에는 기술과 시장경쟁에 맞서 공공서비스 원칙을 수호하였다. 연방헌법재판소의 여러 차례에 걸친 방송 판결은 '방송헌법(Broadcasting constitution)'이라 불릴 정도로 다원주의와 공공서비스 원칙을 고수하였다(전정환, 변무웅, 2002). 이처럼 BBC의 칙허장과 면허협정서는 정부의 유보적 권력에도 불구하고 비공식적 통제를 자초하고, BBC로 하여금 국민보다는 정부의 눈치를 살피게 만들었다.

둘째, BBC는 정부의 관료이익 위주로 중앙독점방식을 채택하여 '지역'이 없거나 미약한 반면, 사민주의 공영방송모델은 지역분권 모델을 채택하였다. 존 리스가 지배하였던 초창기부터 BBC는 중앙집권적이었다. 1923년부터 런던방송국의 경영진들이 지역방송국들을 총괄하는 '통제국(Control Board)'을 통하여 순회감시하고 지역방송국과 중계국들을 통폐합하였다. 1주일에 2일은 런던방송을 동시 전송하고, 등급별로 프로그램을 구분하여 지역송신을 강제하였다. 지역자치단체들도 정치적, 사회적 경쟁관계로 인하여 런던중심의 방송체제로 편입을 자초하기도 하였다. 경쟁관계에 있는 인접 지역의 방송국을 중계하기보다는 멀리 떨어진 런던방송국을 중계한 것이다. 이처럼 전화국의 유선전화를 통하여 중앙독점적 전국동시방송체제가 완성되면서 BBC의 지역적 기초가 파괴(Crisell, 1997, 24-26)되었다.

반면, 독일은 바이마르 공화국 시절과 나치 집권시절 국가가 방송을 장악하였고, 이후로도 중앙집권화를 하고자 하였으나, 각주들의 자치권 확대와 연방헌법재판소의 결정으로 지역분권적 다원주의 방송체제가 확립되었다. 지역분권적 공영방송제도의 정립에는 독일 특유의 정치적, 문화적 지역주의 전통과 나치 전체주의를 반복하지 않으려는 연합권의 분권정책이 큰 역할을 하였다. 지역사들이 ARD 네트워크를 형성하고 ZDF를 통하여 방송의 통합적 기능을 수행한다. 이는 사회적 중요그룹들에 의해 다원적으로 운영되는 방송모델을 강화한다. 지역분권적이고 다원주의적인 방송은 하나의 모델로서의 특징과 잠재력을 지니고 있다(Humphreys, 1990/1994). 포츠카와 골딩(Potschka and Golding, 2012)은 법에 의해 보호되는 주들의 정치적 자율성과 확고한 수신료제도로 인해 독일의 지역분권적 공영방송제도는 역사적으로 일관성 있게 유지된 반면, 영국은 법보다는 임시적 조치에 의해 운영되어 ITV의 지역구조는 위축되고, BBC의 지역주의가 강화되었다고 한다.

영국과 독일은 국가의 간섭으로부터 독립적인 방송체제를 추구하는 공공서비스 가치규범과 같은 유사성을 지니고 있다. 반면, 방송구조와 역사적 궤적에서는 많은 차이가 난다. 특히 지역방송의 발전과정에서 많은 차이가 난다. 중앙화된 영국에서는 역사적으로 지역적, 유사연방구조가 표명되지 않았다. 1926년에 크로포드 위원회가 공사로의 전환을 결정하면서 '국익의 신탁자(trustee for the national interest)'를 표방하였다. 지역프로그램이 존재하였지만, '잔인하게 과잉 단순화된' 지역계획에 의해 훼손되었다. 특히 잉글랜드 지역은 세개의 지역으로 자의적인 경계가 설정되었다. 1951년에 베버리지 위원회가 '런던화의 위험성(dangers of Londonisation)'을 인정하고 스코틀랜드와 웨일스의 독립적인 공사화를 요구하였으나, 잉글랜드 내부의 권력분산은 요구하지 않았다. 이 요구에 의거하여 경영위원회가 스코틀랜드, 웨일스, 북아일랜드에 할당되었다. 1955년에 ITV가 출범하였지만, 비슷한 규모로 할당하여 거대기업이 지배하지 못하도록 하였다. 그 결과 런던의 주중/주말방송국이 탄생하였다. 중간규모 정도의 수신료인 Anglia TV는 야생프로그램으로 특화하였다.

역사적으로 독일은 수많은 작은 봉건제국으로 이루어졌다. 1871년에 비스마르크가 통일 독일국가체제로 변화시켰음에도 불구하고, 강한 정치적, 문화적 지역주의 전통이 완전히 없어지지는 않았다. 방송 미디어도 지역적 분권구조를 반영한다. 1929년에 독일방송은 유럽에서 가장 분권적이고 지역적인 방송구조를 지니고 있었다. 이어 나치 정부는 방송을 통제하고 선전의 도구로 활용하기 위해 지역조직을 해체하였다. 이차대전 후 독일은 4개 분할점령지역으로 나뉘어 졌다. 각 주둔지에서는 점령국의 방송모델을 이식하고자 하였다. 1946년에 라디오 서비스가 시작되어 1950년대 초반에 TV로 발전하였다. 1950년대 초반에 영국주둔지에서는 중앙집권적 BBC모델을 따라 NWDR만이 면허를 얻었으나, 중앙집권적 모델은 많은 독일인들과 독일방송의 아버지인 브레도프에 의해 거절당하고 1933년 이전의 분권구조로 정착하였다. 1950년 독일 연방공화국의 기본법이 제정되면서 각주들의 자치권이 보장되었고, 1년 후에 6개주의 방송사들이 방송연합체인 ARD를 결성하였다. ARD는 구성원들이 느슨하게 통합된 우산조직으로 결성되었다. 1954년에 주방송사들이 공급하는 프로그램들로 전국 프로그램을 공급하였다. 처음에는 6개주, 나중에는 9개주의 방송사들이 일정 비율의 프로그램을 공급하였다. 1955년에 NWDR은 WDR과 NDR로 분화되었다. 분리는 가장 큰 도시인 쾰른이 있는 라인-루르 지역과 함부르크 지역의 경제력, 문화적 정서의 차이를 반영한 것이었다. 프랑스와 미국 점령지에서는 주방송사와 점령지간의 분할이 맞지 않아 한 개의 방송사가 두 지역을 관할하거나, 한 점령지에 두개의 방송사가 존재하기도 하였다. 1958년 ARD는 9개의 방송사가 방송국의 규모와 수신료 징수비율에 의거하여 프로그램 공급비율을 결정하였다. 저녁 6시에서 8시 사이에 뉴스와 광고를 포함하여 독자적으로 방송을 하였다. 독일에서는 상업방송이 1984년에 시작하여 영국보다 30년이 늦었다. 공영방송은 상업방송과의 경쟁에 대비하여 두 번째 지역채널을 개설하였다. 결론적으로 전후부터 1980년대 중반까지 ARD는 ITV의 지역구조와 유사하다. 또한 1980년대 중반부터 독일은 이전과의 연속성이 있는 반면, 영국의 지역방송은 급격하게 위축되었다. ITV의 지역 특색이 위축된 반면, BBC는 더욱 지역적이 되었다(Potschka & Golding, 2012).

셋째, BBC는 의회와 정부에 초점을 맞추어 공중에 대한 책무성이 약하다. 1936년 울스워터 위원회에서 BBC의 책무성은 통제(control)로 인식되었고, 정부와 방송의 관계로 인식되었다. 베버리지 위원회(Beveridge Committee, 1951)가 소수의견으로 BBC에 대한 상업적 대안을 제안한 정도이다. 하지만 필킹턴 위원회는 시청자를 투표와 퇴출 할 수 없는 존재로 간주하였다. 1977년 애넌 위원회에 와서 시청자들의 권리가 강화되었고, 1986년 피코크 위원회에 와서 '소비자 주권'을 강조하면서 방송 정책의 패러다임이 전환되었다. BBC는 시청자들이 퇴출(exit)의 자율성이 없고, 목소리(voice)를 낼 수 있는 권한도 미약하다. 영국 방송이 대체적으로 책무성이 부족함에도 불구하고, 남부 유럽 국가들과 비교하면 양호한 편이다. 국가로부터 독립적인 방송규제를 하고, 공공기구의 핵심적인 의사결정에서 광범한 공공 토론을 하며, 규제기관과 방송사의 불만처리 기구가 발달하였기 때문이다. 그럼에도 불구하고 콜린스와 수전(Collins & Sujon, 2007)은 시청자들이 목소리를 내거나 퇴출 할 수 없기 때문에 BBC를 봉건적이라고 비판하였다.

반면, 사민주의 국가들은 미디어 책무성이 강한 나라들이다. 잘 설계된 공영방송, 강한 규제를 받는 상업방송과 오래된 옴부즈맨 선동으로 인해 '커뮤니케이션 복지(communication welfare)'가 실현되었다. 하제브링크 등(Hasebrink, Herzog & Eiders, 2007)은 북유럽 모델의 특징으로 국가가 시청자를 직접 돌보면서 강한 책무성과 공영방송이 존재하지만, 주요 그룹들을 통해서 공중의 이익이 대변되기 때문에 개별시청자들의 불만이나 문제제기를 무시하는 경향이 있다고 한다. 이에 비해 영국과 같은 중간정도의 책무성 모델은 방송사가 시청자 이익을 직접 대변하지는 않지만 공공토론과 강한 시청자 조직이 있다고 한다. 또한 남부 유럽은 책무성이 약하고 독립적인 시청자 조직이 초기단계라고 하였다.

BBC는 초창기부터 전문적, 자율적 공영방송 모델과 지역주의의 강화를 표방하면서도, 차별적인 정체성을 통합하는 강한 국가적 임무를 지니고 있었기 때문에 실질적으로는 중앙집권적 모델이었다(Sparks, 1995). 또한 BBC의 공영방송 이념을 '아버지나 교사의 역할과 비유하는 가부장주의(paternalism)로 규정하지만, 이는 BBC를 포장하기 위한 수사(修辭)로 실질적으로는 '관료의 명령'과 유사하다. 가부장주의는 수용자 의견과 기호에 관심이 없으며, 정부와 엘리트에게 관심을 둔다'는 비판(Ytreberg, 2002, 761-762)도 있다. 이처럼 BBC의 정치적 위상은 전문적, 자율적 조직을 표방하면서, 실질적으로는 정부와 지배계층의 이익을 대변하는 경향으로 인하여 공론장 역할을 하였다고 보기는 어렵다. 반면 사민주의 국가들은 영국처럼 산업자본주의와 자유 민주 국가이지만, 빈부격차가 적고 지주 출신의 권력자(establishment)가 적어서 평등주의가 확산되어 있다. 이를 시버스찬 등(Syvertsen, Enli, MjØs and Moe, 2014)은 노르딕 '미디어 복지국가(Media Welfare State)'로 명명하였다. 사민주의 국가들에서 공영방송은 보편적 서비스(Universal Service)가 강하며, 편집 및 편성의 자유(editorial freedom)를 보장한다는 것이다. 또한 미디어를 산업보다는 도서관, 공원과 같은 문화로 간주하는 정책(cultural policy for media)을 채택하였으며, 민간과 공공 주주의 협의에 바탕을 둔 합의 지향적인 정책을 실시한다는 것이다.

넷째, 브레도프는 라디오가 국민 개화와 통합의 기구 이어야 하지만, 정치적으로 논란이 되는 주제들은 다루지 말아야 한다고 하였다. 리스가 정치적 계몽의 역할을 강조한 반면, 브레도프는 문화와 교육에 헌신적이고 정치를 다루는 것을 원하지 않았다. 심각한 정치적 내분을 겪고 있었던 바이마르 공화국 시기에 공영방송이 정치적 논쟁에 참여하는 것은 위험한 일이라는 것이다(Bourdon,

2011). 그는 바이마르 공화국 시절의 보수주의자로 방송을 국가적 통합의 매체로 간주하였다. 이들은 정치를 넘어서는 국가적 보수주의를 지향하였다. 농민들에게 도시의 소식을 들려줌으로써 이농현상으로 야기된 도농 격차를 줄인다는 것이다. 리스의 BBC가 중앙집권적 단일 방송사 방식을 '중대한 문화적 실책(grave cultural mistake)'으로 간주하고 지역의 문화적 전통에 의존하였다. 지역분권 방송이 지역시청자들의 다양한 기호를 반영한다는 것이다. 방송의 역할은 청취자들을 교육시켜 '자립적인 인간(self-contained human beings)'으로 육성하는 것으로 규정하였다(Fühler, 1997). 그는 저녁 8시-10시의 피크 타임 대에는 클래식 음악과 강연을 방송하면서 라디오를 문명의 도구로 활용하고자 하였다. 이는 대중들을 문명화시키는 것도 있지만, 엘리트들에게 라디오가 문명의 도구라는 것을 어필하고자 하였다. 대중문화에 부정적인 보수주의자 스테펠(Wilhelm Stapel)은 '영화가 연극을 파괴한 것처럼, 라디오가 콘서트와 강연 문화를 파괴 한다'고 하였다. 하지만 엘리트 문화로 라디오가 기능하는 것은 한계가 있었다. 지역분권구조 때문에 지역의 향토문화를 반영하는 대중문화가 라디오에서 나올 수밖에 없었다(Ross, 2008).

청취자들이 방송정책을 결정하는 방송평의회 모델[17]의 아이디어는 한스 브레도프가 제시하였다. 1926년에 체신부 관리인 브레도프는 제국방송회사(RRG)의 사장이 되어 지역방송사들을 행정적으로 통제하였다. 이 당시 브레도프는 '비당파성'을 보증하는 최고위 행정직이었으며, 민주적 통제에 대한 생각은 없었다. 그는 라디오

고객을 단지 민원을 제기하는 사람들 정도로 인식하였다. 그는 민주주의자는 아니었지만, 나치에 협력하기보다는 감옥에 가는 것을 선택했다. 1946년 연합군은 그의 충고를 받아들여 '중앙조직의 대표자와 전문가'로 구성된 방송평의회의 구성에 대한 제안서를 헤센방송에 제출하였다. 1947년에 새로운 방송규제에 관한 사상으로 '수용자가 방송사 주주가 되어 진짜 공영방송을 만드는 방식'에 대한 제안서를 제출하였다. 이는 경제적 규제는 아니고 행정적 통제 방식에 대한 것이었다. 그의 방송평의회 구상은 바이마르 공화국의 관료제와 나치집권기에 대한 거부감을 표출한 것이다. 그의 제안은 연합군에 의해 채택되어, 독일 현지사정에 맞게 정착하였다. 브레도프가 방송에 대한 민주적 통제를 하려는 것인지, 그 자신이 신설기구의 수장이 되기 위한 것인지에 대해 역사가들의 논란의 여지가 있다. 실제 그는 헤센 방송사의 행정평의회 의장(사장)이 되었다. 그의 생각이 가장 강력하게 적용된 곳이 미군 점령 지역이었다. 시민사회 조직들이 평의회의 대부분 자리를 차지한 반면, 영국 주둔지역에서는 의회가 주로 자리를 차지하였다. 방송평의회의 기

---

17 Rundfunkrat는 역자에 따라 방송의회, 방송위원회로 변역되기도 한다. 심영섭(2018)은 방송평의회가 의회가 아니라 행정집행기관이자, 이익집단을 대표하는 기관이라고 하였다. 방송평의회의 아이디어는 독일방송의 아버지로 불리는 한스 브레도프가 제시하였다. 그의 제안은 수용자가 실질적으로 공영방송 정책을 결정하자는 것이었다. 그의 제안은 국제적으로 전례가 없었으며 연합군에 의해 선호되었고, 독일 현지사정에 맞게 정착하였다. 그의 제안이 가장 강력하게 반영된 곳은 미군 점령지역으로 시민사회 조직들이 평의회의 대부분 자리를 차지하였다, 반면 영국주둔지역에서는 의회가 주로 자리를 차지하였다(Kleinsteuber, 2009).

본 구도는 이후로도 지속되었다. 다만 기민당과 사민당이 집권하는 것에 따라 구성원이 변하였을 뿐이다. 기성 정당 정치인들이 평의회를 주도하면서 시민조직들이 제대로 대변되지 않았지만, 이들이 '회색친구(grey circle of friends)'를 결성하였다. 기성직업정치인들이 하는 일이 많아서 회의에 거의 참석을 하지 않아서 결과적으로 시민조직들의 의견이 대변되었다(Kleinsteuber, 2009).

체신부가 제국방송회사(RRG)의 51% 지분을 가지면서 관료출신인 브레도프가 통제하였다. 내무부도 정치적으로 영향력을 행사하여 뉴스와 정보 프로그램은 이들이 통제하였다. 방송사는 정치적인 표현은 일체 보도하지 않고, 예술과 오락분야에 전념하였다. 이처럼 독일방송은 자율적인 기구보다는 국가행정기구의 한 부분으로 출발하였다. 하지만, 브레도프는 '공공서비스 윤리'를 가지고 헤겔적인 시민계몽 사상을 가지고 있었다. 그는 나치의 방송장악에 대항하였으며 바이마르 공화국 시절 정치대표와 시민조직들이 방송평의회를 구성하도록 하여 자율성을 보장하였다. 새로운 방송을 문명화의 도구로 간주하였다. 1932년 폰 파펜(von Papen) 총리 하에서 방송개혁이 이루어져 브레도프는 두 번째 행정평의회 위원장이 되었다. 나머지 49%의 지분이 각주로 분배되었다. 이처럼 바이마르 공화국이 붕괴되기 이전에도 국가의 영향력은 절대적이었다.

다섯째, 자유주의와 사민주의의 공영방송모델은 계몽주의에 의해 설명되기도 한다. 존 리스의 BBC가 객관모델(object model)에 근거하지만, 사민주의 국가들의 공영방송은 계몽적 미션의 주체모델에 근거를 두고 있다. 베일리(Bailey, 2007)는 BBC가 문화적 통치성의 도구였다고 평가하였다. 문화적, 정치적 엘리트들이 대중오락물을 교육시키면 좋은 시민성을 함양 할 수 있다는 것이다. 시민성을 교육하고 BBC 잉글랜드 영어를 가르치고, 잉글랜드 중심의 국가적 통합을 강조하면서 주변적이고 지역적인 것을 배제하였다는 것이다. 반면, 듀란트(Dueland , 1994, 33)는 노르웨이의 계몽주의 전통이 수용자에 대한 존중에서 비롯되는 반면, 대륙전통은 가부장주의 태도를 지니고 있다고 한다. 북유럽의 계몽적 전통은 수용자에 근거를 두는 반면, 대륙 전통은 가부장주의라는 것이다. 초창기 공영방송의 주된 규범이었던 가부장주의는 노동계급을 주요 지지기반으로 하는 사민주의 국가에서 라디오는 교회 강연과 클래식, 오페라 같은 고급문화가 지배적인 일요일 문화에서 벗어나 사회적인 시사쟁점과 대중적 오케스트라를 방송하는 것으로 바뀌었다(Jauert & Lowe, 2005). 주체 모델은 비판적이고 행동하는 행위자들이 자유민주사회의 정당화에서 필수적인 하버마스의 공론장 모델과 관련을 맺고 있다. 그러므로 스칸디나비아 반도의 공공서비스 사상은 초창기 영국의 BBC 모델보다 하버마스의 공공서비스 사상에 가깝다고 평가하였다(Larsen, 2016).

4장

이탈리아 방송의 존 리스,
베르나베이

BBC의 리스와 같은 역할을 한 사람은 이탈리아의 공영방송 RAI의 에토레 베르나베이(Ettore Bernabei, 1921-2016)이다. 리스가 BBC의 초창기 설립에 관여한 반면, 베르베나이는 RAI가 설립된 지 37년 만에 사장으로 취임하였다. 리스가 BBC 사장으로 18년간 재직한 것에는 못 미치지만, 베르베나이도 1961년부터 1974년까지 사장으로 재직하였다. 이런 의미에서 베르베나이는 BBC TV 시대를 개척한 휴 그린 사장과 비교하는 것이 더 적합할 수도 있다. 리스가 영국의 기성체제에 근거를 둔 가부장적 계몽주의를, 그린이 기성체제에 대한 변화와 진보를 상징하였다. 반면에 베르베나이는 이탈리아 특유의 정치적 후견주의에서 벗어나지 못하였지만, 나름대로 공영방송의 개혁과 계몽에 헌신한 사람이다. 따라서 이탈리아 방송

역사가들은 베르베나이를 그린보다는 리스에 비견하고자 하였다 (Hibberd, 2001).

개인 이력과 생애

1921년 5월 플로렌스 지방에서 출생한 베르나베이는 8자녀를 둔 가톨릭 신자였다. 현대문학을 전공한 베르나베이는 기민당과 연계된 피렌체의 신문 〈Martino Day〉의 편집인으로 시작하여, 1956년에서 1960년까지 다른 기민당 신문인 〈Il Popolo〉의 편집인을 역임하였다. 그는 수상이자 기민당원인 아민토르 판파티(Amintore Fanfani)의 절친한 친구이자 조력자였다. 1961년에 RAI의 사장으로 취임하여 1974년까지 재직하였다. 그는 기민당을 강력하게 지지하면서 모든 시청자들에게 오락과 교육을 제공하였다. 반대론자들은 베르나베이와 RAI가 기민당과 너무 유착되어 있다고 비판하였다. 그는 반대자들을 진정시키고 균형을 유지하기 위해 다른 정당과 연계된 저널리스트들을 신규 채용하였으나, 이들의 의견은 대체로 무시되었다. 그는 RAI의 규모를 키웠으나, 내부에는 정적들로 가득 차 있었고, 기민당원들도 분열되었다. 이로 인해 통제력이 약화되어 1974년에 사장을 그만두었다. 그는 이탈리아 방송역사에서 교육적인 원칙을 고수하고자 하였으나, 결과적으로 오락물을 제작하는 정도에 그쳤다는 평가를 받았다. 1974년부터 1991년까지 Italstat(이탈리아 건설 및 토목 재정보증공사) 의장을 역임하였다. 1991년에는 〈The Bible〉과 〈Jesus〉를 제작한 TV제작회사(Lux Vide)를 설립하였다. 2016년 8월에 95세의 나이로 사망하였다. 1966년에 대통령으로부터 대십자기사단 훈장(Cavaliere di Gran Croce)을 받았다. 대통령은 부고에서 '위대한 저널리스트이자 지성인(a great man of journalists and intelligence)'이라고 하였다.

초창기의 이탈리아 방송

무솔리니의 파시스트가 집권하였던 1920년대에 라디오 방송[18]이 시작되었다. 왕의 칙령에 의해 1924년 최초 정규라디오 방송인 이탈리아 방송연합회사(Unione Radiofonica Italiana, URI)가 설립되었다. URI는 라디오 수신기 제조업체인 시락(SIRAC)과 라디오포노 (Radiofono)[19]의 컨소시엄 회사이다. 이탈리아 방송은 BBC처럼 국가가 허락한 라디오 수신기제조업체의 컨소시엄 독점으로 시작하였고, 수입도 수신료와 라디오 수신기 판매 징수금으로 충당하였다. 하지만 URI는 광고수입도 있었는데, 1926년에 자체 광고회사

---

18 이탈리아 방송은 크게 세 가지의 기간으로 나눌 수 있다. 방송이 시작된 1920년대 초반부터 파시스트가 멸망하는 1945년까지로 방송은 민간독점으로 국가가 프로그램을 통제하는 시기이다. 파시스트는 방송 초창기에는 선전도구로서의 잠재력을 알지 못하다가, 1930년대부터 본격적인 선전도구로 활용하였다. 두 번째 시기는 연합군이 미국의 자유주의 방송모델을 이탈리아 방송에 이식하려 한 1공화국 시기이다. 이 시기는 RAI 독점으로 집권세력인 기민당과 RAI 사장인 베르나베이가 강력하게 공영방송을 지배하던 시기이다. 세 번째 시기는 1970년대 말부터 지역민영방송이 공영방송과 공존하여 경쟁하는 2공화국 시기이다. 특히 베를루스쿠니가 민영방송을 통하여 RAI의 패권에 도전하는 시기이다.

19 American Western Electric와 마르코니사가 각각 설립한 라디오 수신기제조업체.

인 SIPRA (Società Italiana Pubblicità Radioifonica Anonima, 오늘날 이탈리아의 가장 큰 광고회사가 되었다)를 두었다. 하지만, 초창기 라디오 산업은 잠재력이 저평가되어 있어서 선전에 이용되지는 않았다.[20] 이탈리아는 저개발 지역이 많고, 남부와 북부의 빈부 격차가 매우 컸다. 따라서 수신기는 도시지역의 부유층을 대상으로 제한적으로 판매되었다. 1925년에 라디오 수신기의 평균 가격은 수신료 세금을 합하여 3,000리라 정도였다(Galdi, Pietra, Savini, 2010). 이탈리아의 라디오 방송은 민간자본으로 출발하여 정부의 규제를 받지 않으면서 출발하였다.

BBC의 공사화와 같이 1928년에 국가가 개입을 하면서 UIR은 이탈리아 방송공사(Ente Italiano per le Audizioni Radiofoniche, EIAR)로 바뀌었다. 상업회사들이 지분을 가지고 있으나, 정부가 이사회의 4자리를 차지하였다. 대부분의 프로그램이 비정치적 뉴스와 어린이 프로그램, 그리고 오락과 음악(클래식, 대중음악, 군대 밴드 등) 위주였다. 무솔리니의 연설이 방송되기는 하였지만, 파시스트 정권이 선전 수단으로 이용하지는 않았다. 국가의 소극적인 개입은 라디오의 발전에 부정적인 영향을 미쳤다. 전송시설에 투자할 자금이 부족하여 초창기 라디오의 발전은 늦었다. 베니토 무솔리니(Bento

---

20 무솔리니는 선전도구로 신문을 주로 이용하였고, 독일에서 나치가 라디오방송을 하는 것을 보고 잠재력을 뒤늦게 깨달았다. 파시스트 정권의 선전은 극장에서 상영되는 '대한뉴스'와 같은 이스티튜토 루스(Istituto Luce, 1924년 로마에서 설립된 영화와 다큐 제작기구)가 제작한 뉴스와 다큐멘터리가 이용되었다. 이는 주로 도시지역의 영화관에서 상영되었다.

Mussolini, 1983-1945)의 동생인 아르날도 무솔리니(Arnaldo Mussolini, 1885-1931)가 EIAR의 부사장이 되면서 파시스트 정권이 본격적으로 개입하였다. 1920년대 말부터 파시스트 당은 라디오를 산업화와 교육에 이용하였다. 청소년을 겨냥하여 영웅주의와 자기 확신을 강조하는 프로그램을 제작하였다.

1929년에 토리노(Turin)지역에 본사가 있는 전기회사인 SIP (Società Idroelettrica Piemonte)가 EIAR의 지배지분을 사들였다. 이 회사는 라디오 네트워크를 확충하여 라디오, 전화와 전기산업의 시너지를 기대하였다. EIAR의 직원들이 토리노 지역으로 이주하였다. 라디오에 대한 제한적 수요로 수신기 가격이 비쌌다. 1931년에 3,000리라인데, 새 차 가격이 10,000리라 정도였다. 라디오는 보편석 서비스 보다는 도시지역의 중산층을 대상으로 하였다. 이탈리아 전역에서 수신불가지역이 많았고, 기술자들은 전문 교육이 부족하였다. 배우들이 라디오에 익숙하지 못하여 프로그램 수준도 열악하였다.

1930년대에 상황은 개선되었다. 1930년대 초반에 전송시설이 확충되고, 많은 도시와 지역이 네트워크로 연결되었다. 외국의 라디오 수신기가 국내산으로 대체되면서 가격도 인하되었다. 1930년대 중반에 이동식 라디오가 10,000리라 이하였다. 많은 가정들이 가장 인기가 있는 라디오 발리알라(Radioballiala) 수신기를 구매하였다. 1930년대 초반에 방송사 EIAR의 모회사인 SIP가 경제적 어려움을 겪자, 국영회사인 IRI가 SIP를 인수하였다. 또한 국가는 EIAR이 지불하는 라디오 면허료를 줄여주었다. 국가가 개입하면서 라디오는 정치 엘리트, 특히 파시스트들에 의해 지배되었다. 이로 인해 EIAR 의 행정평의회는 정치적으로 통제를 받는 IRI에 의해 구성되었다. 또한 프로그램, 특히 뉴스는 정치적 통제를 직접적으로 받았다. 방송에 독점적으로 접근 할 수 있는 파시스트들이 라디오를 학교와 시골 지역으로 확대하고자 하였다. 파시스트들은 프로그램의 수준이 낮고, 광고가 문화적 수준을 낮추었다고 비판하였다. 1937년 7월부터 대중문화부 장관(Ministry for Popular Culture)은 직접적인 광고를 금지하였지만, 스폰서 광고는 허용하였다.

1933년 무솔리니의 양자인 갈레아초 시아노(Galeazzo Ciano)의 지휘 하에 신문선전부가 설립되면서 라디오는 강력한 선전도구가 되었다. 매일 저녁 15분씩 다반차티(Davanzati, 1880-1936)가 그날의 이벤트를 논평하고, 무솔리니의 지도하에 여론을 움직이는 〈정권의 기록 Regime Chronicle〉을 방송하였다. 정부는 당 노선에 의거하여 라디오, 뉴스 릴과 신문을 동시에 이용하여 대중들에게 긍정적인 뉴스만을 보도하였다. 또한 고대 로마의 심벌들을 이용하여 로마제국의 영광을 재현하는 파시스트의 가치를 전파하였다. 청소년과 더불어 라디오의 집중 타깃은 시골지역이었다. 1933년에 파시스트당의 비서인 스타레이서(Achille Starace, 1889-1945)의 주도하에 설립된 시골 라디오(Radio Rurale)는 문화적으로 취약한 계층인 농어촌 지역의 청소년과 농부들을 교육하였다. 이 프로젝트는 시골지역의 청소년과 농부들에게 특화된 프로그램을 제작하였다. 무솔리니는 '각 마을과 학교는 라디오를 가져야 한다'고 하였다. EIAR의 주도로 교육용 프로그램을 만들고, 교육부와 커뮤니케이션부, 파시스트당도 참여하여, 학교에 적합한 라디오 수신기도 개발하였다. 학교 등에서 라디오를 집단적으로 청취하는 운동도 시작되었으나, 성과는 미미하였다. 라디오는 개인들이 주로 듣는 매체였으며, 프로그램도 재미없는 교육보다는 해외의 프로그램들이 선호되었다.

라디오의 특성인 문맹과 거리의 제약이 없다는 점을 이용하여 정부는 청취자들의 참가욕구를 자극하였다. 이를 위해 EIAR은 네트워크를 늘리고 프로그램의 수준을 끌어 올렸다. 하지만, 1930년 대에도 유럽국가에 비해 라디오 보급대수는 저조하였다. 광고는 상업적이기 보다는 정치적이었다. 1936년 베를린 올림픽 방송은 스포츠를 애국심과 연결시키고, 스포츠맨을 '이탈리아인이 아니라 승리하는 파시스트 스포츠맨'으로 묘사하였다. 방송프로그램은 A와 B 두 종류로 구분되었다. 아침에는 두 채널을 함께 운영하여 학교와 군대를 위한 방송을 하고, 오후에는 프로그램 A는 심포니와 클래식을, 프로그램 B는 피아노 콘서트, 유행가 등을 방송하였다. 1935년 말에 50만대를 초과하고 공공장소의 라디오가 급격하게 늘어났다(Galdi, Pietra, Savini, 2010).

독일은 1932년에 괴벨스가 라디오의 파워를 실감하고 나치즘의 선전에 적극 이용한 반면, 무솔리니는 신문을 주된 선전무기로 활용하였다. 라디오의 효용성에 대해서는 적극적으로 인식하지 못하였다. 또한 1930년대 이탈리아가 경제적으로 어려워지면서 라디오를 적극적으로 개발하지 못하였다. 초창기 라디오의 발전이 늦은 것은 라디오 수신기의 가격이 매우 비쌌고 대중적인 프로그램이 부족하였기 때문이다. 1930년대에 무솔리니는 라디오의 잠재력에 대해 적극적으로 인식하여 청소년과 시골지역에 적극적으로 전파하였으나 실패하였다(Richeri, 1980).

1943년에 파시스트 정부가 붕괴되었지만, 이탈리아의 미디어는 황폐화되었다. 영상제작시설, 인쇄기, 송전시설, 영화 등이 모두 파괴되었다. 1943년 파시스트 정권이 몰락하고, 이후 2년간의 내전동안 책 출판은 심하게 타격 받은 반면, 영화 제작은 상승하였다. 신문은 파시스트 기간에 지하로 잠복하고, 전쟁 중에 비밀방송이 인기 있었다. 비밀방송(대표적인 것이 Radio London)을 들으면 투옥 될 수 있었음에도 불구하고, EIAR 방송보다 신뢰가 있었다. 1943년 이후 북부는 독일이 지원하고 파시스트 정권이 이끄는 살로 공화국(Republic of Salò)[21]이 통제하는 라디오방송이 있었다. 남부와 해방지역에는 연합군의 심리전 분과(Psychological Warfare Brach, PWB)가 통제하는 방송이 있었다. 연합군이 바도글리오(Marshall Badoglio)가 이끄는 임시정부를 지원하였다. 비밀방송과 반파시스트 라디오는 시청자의 입장에서 새로운 라디오 모델을 창출하였다. 남부지역에서는 1944년 10월 파시스트 정권과 단절한다는 의미에서 EIAR

---

21 21년이나 집권하며 그토록 많은 군중을 열광시켰던 무솔리니이지만, 권력을 잃은 그를 위해 나서는 이탈리아인은 아무도 없었다. 이탈리아가 연합군 쪽으로 돌아서면 곤란하다고 여긴 히틀러는 특공대를 보내 무솔리니를 구출했다. 이후 무솔리니는 약 20개월 정도 북이탈리아의 살로에서 '살로 공화국'을 다스렸다. 하지만, 그것은 허울 뿐이었으며, 대부분의 결정은 독일이 내렸다. 1945년 4월, 연합군과 남부 이탈리아의 유격대는 힘을 합쳐 북진했다. 무솔리니는 스위스로 넘어가 다시 비행기를 타고 스페인으로 탈출하기로 했다. 그러나 알프스 산맥에서 유격대에게 잡혀 처형당하였다. [네이버 지식백과, 베니토 무솔리니].

이 RAI(Radio Audizioni Italia)로 바꾸는 결정이 내려졌다. 1945년 라디오는 반파시스트 그룹들에 의해 분산되어 있었다. 1945년 4월 25일 북부지역이 통일되면서 라디오는 전국공영체제로 재구축되기 시작하였다. 여러 정파들에 의해 라디오가 분산되어 있었기 때문에 정부의 도구가 되지는 않았으며, 공영체제로 불편부당성을 강조하였다. 하지만 중북부지역은 블루네트워크(Blue Network)가, 중남부지역은 레드 네트워크(Red Network)로 운영되었다. 과거 EIAR의 방송국 체제들이 새로운 로마 중심의 중앙집권화에 대해 저항하였다. 시칠리아와 나폴리는 중앙집권화에 대해 강력하게 반발하였다. 1920-30년대 SIP의 본거지였던 토리노 지역에서도 강력하게 반발하였다. 이 지역에서는 영화와 라디오의 전통적인 기반을 옮기려는 것에 대해 반발하였다. 이러한 반발로 인해 1960년대에 들어서야 로마가 통제할 수 있었다. 전국적인 라디오 네트워크를 구축하는 것은 반파시스트 연합정부의 일이었다. 1947년 3월에 가스페리(Alcide De Gasperi) 기민당 당수는 대내외적인 압력에 직면하여 정부에서 공산당과 사회당을 배제하였다. 가톨릭 세력이 무신론자들과 함께 할 수 없다고 하였고, 미국정부도 1947년 3월 트루만 독트린을 통하여 강력한 반공산당 노선을 취하였다. RAI 행정평의회 위원들은 모회사인 INI에 의해 정치적으로 임명되었다. 따라서 1948년 이후에는 기민당이 방송을 통제하였다.

이처럼 이탈리아 방송은 1924년에 URI라는 이름으로 개국하여 10월 5일 로마 오페라 극장에서 베니토 무솔리니의 취임 방송을 하였다. 1927년에는 EIAR(Ente Italiano per le Audizioni Radiofoniche)

로 바뀌어 정부가 본격적으로 개입하였다. 1944년 종전 이후에 연합군과 반파시스트 연합정부가 파시즘의 잔재를 없애기 위해 RAI(Radio Audizioni Italiane)로 바꾸었다. 전후 이탈리아 RAI는 보편적인 방송을 통하여 공중들이 계몽된다는 리스주의 공영방송 이념을 추종하였다. 하지만 기민당에 의해 통제되면서 공산당과 다른 정당, 사회적 그룹 심지어는 기민당의 내부 분파들까지도 배제당하기도 하였다. 또한 RAI는 지역방송을 희생하고 로마에 의해 지배당하였다. 영국과 다른 것은 정치화된 공공서비스 방송이라는 것과 특정집단에 대해서는 대단히 차별적인 정책이 시행되었다는 것이다(Hibberd, 2001).

이탈리아는 1954년 1월에 TV가 시작하였는데, 다른 유럽국가에 비해 늦었다. 영국은 1936년에 시험방송을 시작하였다가, 전쟁으로 1947년에 재개하였다. 이탈리아는 1929년, 1932년에 실험TV를 시작하였다. 1939년에 EIAR은 전송시설을 구축하고 7월 22일에 실험방송을 시작하였다. 1951년에 TV를 시작하기 위한 전국TV의회가 결성되었다. 1952년에 RAI와 정부는 20년간 공공서비스 방송서비스 협정을 체결하였다. RAI는 법적으로 민간회사이지만, 대부분의 주식을 국영기업이 가지고 있다. 1947년 법으로 RAI의 정치적 독립성을 보장하기 위해 의회위원회가 설치되었다. 하지만 실제적인 권력은 없고, 정권을 장악한 기민당의 통제를 받았다. 1954년 텔레비전 방송을 시작하면서 현재의 이탈리아라디오TV공사(Radiotelevisione Italiana, RAI)로 바뀌었다. 1957년에는 상업 광고를 개시하였는데, 광고를 TV쇼의 형태로 제작한 후, 2분 15초로 4개씩 묶어

TV 프로그램 형태로 방송하였다. 1977년 컬러텔레비전이 시작되면서 블록광고 형태로 바뀌었다.

구알라(Filiberto Guala) 사장의 지도력 하에 RAI 행정평의회는 엄격한 도덕적, 교육적 윤리를 준수하는 정책을 실시하였다. 좌파들은 RAI를 가톨릭 조직의 정치적 도구에 불과하다고 비판하였다. 하지만 구알라 사장은 RAI를 현대화하면서 신뢰 있는 공공서비스를 만드는 것이 필요하고 이를 위해 공공서비스를 할 수 있는 젊고 유능한 직원들을 충원하였다. 또한 토리노에 근거를 둔 구체제를 숙청하는 것이 필요하였다. 이는 이탈리아를 현대체제로 개조하는 것이며, 이탈리아사회당을 포함한 정치세력 간의 연합을 의미하였다. 하지만 기민당 우파는 사회당을 포함하는 것에 대해 많은 우려를 하였다. 또한 TV 광고에서도 국가의 개입이 있었다. 원래 TV 서비스는 수신료에 의해서만 가능하였으나, 충분하지 않았다. 교회가 광고를 비판하면서 타협책이 마련되었다. 매일 저녁 30분 짜리 쇼인 〈회전목마, Carosello〉에서만 광고가 가능하도록 하였다. 이로 인해 RAI는 방송서비스를 확장하도록 하는 것이 가능하였으며, 국가는 이 재원으로 신문 산업에도 지원하였다. 또한 1950년대의 중요 프로그램은 〈산레모 가요제, Sanremo Music Festival〉이다. 1956년 TV 서비스가 시작되기 전에는 라디오로만 방송하였으나, 연간 2억명 이상이 시청하는 RAI의 핵심 프로그램이다. 게임쇼 〈Lascia o Raddoppia, 미국 게임쇼 $64,000 Question의 이탈리아 버전〉는 1955년에 시작되어 가장 인기 있는 대중 프로그램이 되었다. RAI 독점은 정치권이 아니라 사법부에서 왔다. 헌법재판소는

Tempo TV의 면허가 거절된 것에 대해 조정을 명하였다. RAI가 반발하였으나, 불편부당성과 공공서비스가 부족하여 정당성이 약하였다. 결국, 헌법재판소는 RAI의 독점을 인정하였으나, 공공 서비스이어야 하고, 주파수가 부족하여 불편부당성이 담보되어야 한다고 하였다. 법원이 RAI가 불편부당성과 공익성이 부족하다는 것을 공고하면서 방향을 전환하였다.

베르나베이와 RAI 개혁

1950-60년대 고도성장과 함께 TV도 급속도로 성장하였다. 1950년대에 평균 GNP는 5.3%, 1960년대에는 5.7%이다. 연간가정수입도 늘었고, 남부에서 북부지역으로 이주하는 인구가 늘었다. 도시화로 주택, 건강, 교육에 대한 사회적 수요가 늘고 정치적으로 좌파성향으로 기울어 아민토레 판파니(Amintore Fanfani) 수상은 연립정부에 사회당을 포함하였다. TV시청가구가 1965년에 49%에서 1971년에 82%가 늘었다. 1968년 1채널은 98%, 2채널은 90%가 시청 가능하였다.

베르나베이가 사장으로 재임하면서 RAI는 급속하게 성장하였다. 이탈리아의 두 번째 공영채널은 1961년에 출범한다. 초기에는 1채널과 2채널이 서로 다른 사장의 지휘 아래에서 운영되었다. 두 번째 채널이 오락 프로그램을 방송하며 인기몰이를 하자 채널 간 경쟁이 치열하였다. 이에 베르나베이는 1963년에 소모적인 경쟁을 지양하고 협력관계로 전환시켰다. 두 채널의 제작부서에 공동책임자를 두고, 두 채널의 편성을 담당하는 '프로그램 부'의 지위를 격상시켰다. 1976년까지 채널 간 보완모델을 유지하였다. 두 번째 채널이 대중적인 프로그램과 함께 문화 매거진이나 다른 포맷의 프로그램들을 방송하였다. 하지만, 1975년 법으로 RAI는 정부에서 국회 산하 기관으로 바뀌어 RAI의 두 채널은 편집에서 독립권을 행사 하였다. 1979년에 시작된 세 번째 채널도 마찬가지이다. 황금 시간대에 준수되었던 채널 간 보완의 원칙은 무너지고, 모든 채널의 뉴스가 같은 시간대에 방송되었다(Bourdon, 2011).

초창기 8년 동안 베르나베이는 조직 내부의 구체제와 내분을 겪었다. 대표적인 것이 뉴스 〈telegiornale〉[22]인데, 기민당의 정치노선을 일방적으로 선전하여 정치적 신뢰가 부족하였다. 1962년에 베르베나이는 엔조 비아기(Enzo Biagi)에게 새롭고 현대적인 잡지 스타일의 뉴스를 만들도록 하였다. 하지만 대내외적인 저항으로 변화에 실패하고 비아기가 사임하였다. 그 결과 기민당원들의 수가 줄어들고 의견을 조금 넓히는 정도에서 뉴스 개혁이 실패하고 말았다. 또한 RAI에서 오랫동안 통신원, 텔레비전 서비스 등을 담당한 전무이사 그란조또(Gianni Granzotto, 1914-1985)와 내분을 겪었다. 1969년에 그란조또가 사임하고 조직을 개혁하면서 베르나베이의 RAI에 대한 통제가 완성되었다. 베르나베이 집권기에 기민당은 RAI에 대해 통제를 하였으며, 공산당과 헌법재판소는 반대의 목소

---

22 1952년부터 RAI에서 방송된 오늘의 뉴스 프로그램. 9시에 방송되며 영화, 이미지, 짧은 리포트를 저널리스트가 읽는 형식으로 진행되었다[wikipedia].

리가 배제되었다고 비판하였다(Hanretty, 2010).

그는 변화에 저항하는 구체제를 숙청하고 수상의 의도에 맞추어 RAI 조직을 철저하게 개조하고자 하였다. 노골적인 정치적 연계를 줄이고 반공산주의 노선을 견지하면서 직업적이고 윤리적인 공공서비스를 실현하고자 하였다. 방송이 확장되면서 교육적 기능을 향상시키기 위한 시도가 지속되었다. 경제적 상황이 호전되면서 방송의 '교육적 계몽주의'가 촉진되었다. 핵심 시청자도 도시중산계급에서 보편적 가치를 실현하는 방향으로 이전하였다. 초창기 프로그램이 교육적 목표에 맞추어 학교교육과 농민교육에 맞추어졌다. 하지만 뉴스뿐만 아니라 사회 다큐, 논쟁적인 주제, 퀴즈쇼와 가벼운 음악 프로그램으로 확대되었다.

판파니 정권의 이탈리아 근대화 계획은 달성되었다. 1960년 100가구당 RAI 시청가구가 16.66%에서 1970년 62.40%로 올랐다. RAI 종사자들은 현대화 한 이탈리아를 건설하였다는 자부심이 있었다. 하지만, 1960년대 말부터 학생운동 등으로 기성정치세력이 부정되면서 RAI에 대한 신뢰도 줄어들기 시작하였다. 1960년대 후반에 사회운동의 활성화로 RAI의 친정부 성향에 대항하여 지역 별로 라디오를 개국하는 자유라디오 운동이 일어났다. 자유라디오 운동이 기독교민주당 정권과 RAI에 위협이 되자, 지역 방송을 폐쇄하면서 RAI의 각 채널마다 보도국을 별도로 두어 독립적으로 운영하였다. 그에 따라 RAI 1는 보수성향의 기민당, RAI 2는 중도성향의 사회당, RAI 3는 진보성향의 공산당이 각각 지배하였다. RAI의 '정당별 할당주의(lottizzazione)'는 한레티(Hanretty, 2010)의 표현에 의하면, 구조적 다원주의의 일환으로 방송사 내부의 단위별로 채널이나 뉴스데스크를 운영하는 방식을 의미한다. 베르나베이는 방송의 공공서비스 개혁을 위하여 많은 노력을 하였으나, 친정부적이라는 비판도 받았다. 총리였던 판파니에게 지극한 충성심을 보이던 그는 공영방송의 의무를 '이탈리아인들이 나무에서 내려오는 것을 돕는 것'이라고 하였다. 이탈리아 대중을 유인원에 비유하여 교육을 통해 지식과 교양을 갖춘 인간으로 진화하도록 돕는 것이라는 뜻이다(Bourdon, 2011).

대체로 이탈리아 공영방송의 특징은 서유럽 국가들에 비해 정치적 독립성이 약하다는 것이다. 하지만, 1960년대에 기민당 정부가 사회당과 다른 군소규모 중도정당이 참여하여 연립정부를 구성하게 되었다. 특히, 베르나베이가 RAI 사장을 맡으면서 기민당의 요구를 뿌리치지는 못하였지만, 어느 정도 정치적 자율성을 얻게 되었다. 베르나베이 사장 이전과 이후를 감안할 때 기민당이 공영방송에 대해 독재를 하던 시기는 끝났다. 공영방송 사장으로 베르나베이가 정치적 자유를 완전히 획득하지는 못하였지만, 나름대로 자율성을 얻었다는 평가를 받는다(D'Arma, 2015).

베르베나이 이후

베르나베이 사장이 사직한 이후, 의회는 1975년 RAI의 법적 기초를 제공하는 법을 마련하였다. RAI가 정부에서 의회로 넘어가, 의회위원회가 RAI의 경영진을 임명하고, 수신료와 광고를 받도록 규정하였다. 광고는 상업방송에 비해 덜 엄격하여 많은 광고수입을 거두었다. 이 법의 도입과 함께 연립정부인 기민당과 사회당은 채널의 할당을 합의했다. 기민당이 기간채널인 RAI-1과 라디오 한 채널을, 사민당이 RAI-2와 두 개의 채널을 관장한다는 것이다. 1977년 출범한 세 번째 채널은 공산당(좌파민주주의당)이 맡았다. 세 번째 채널은 지역프로그램과 문화프로그램 중심이어서 시청률이 높지 않았다. 정당들은 채널의 사장을 비롯한 주요 간부를 임명하였고, 정당의 입김은 뉴스에서 잘 나타났다(Barendt, 1993).

1977년 헌법재판소의 판결로 전파의 독점적 이용권리가 상실되면서, 지역방송이 생겨나기 시작하였고, 1980년대에는 사회당의 베티노 크락시 총리가 지역방송들에 대한 규제를 완화하면서 전국적 규모의 민영방송이 허가되면서, RAI의 방송 독점 시대가 막을 내리고 경쟁하게 되었다. 베티노 크락시와 친분을 가졌던 실비오 베를루스코니가 방송 사업을 확장함으로서 RAI의 경쟁 상대가 되었다. 특히 베티노 크락시 총리의 상업방송의 규제완화와 이후 정권에서 지속적인 규제완화와 더불어 1990년에 민영방송국에서 보도 프로그램을 생방송으로 방송할 수 있도록 허용하면서 RAI의 입지가 좁아지게 되었다. 여기에 RAI는 시청률 경쟁으로 오락 프로그램의 비중을 늘리면서 상업 방송과 다를 바 없는 모습을 보여주고 있다.

5장

TV의 황금시대를 개막한
휴 그린

휴 그린(Hugh Carleton Greene, 1910-1987)은 초창기 BBC를 설립한 존 리스와 더불어 영국 방송계에서 존경받는 인물이다.[23] 1960년대에 BBC 사장을 지내면서 TV의 황금시대를 개척하였다. 1934년 옥스 퍼드 대학을 마친 후 신문기자가 되어 베를린 특파원으로 있다가 1939년 히틀러의 국외퇴거요구를 받았다. 1940년 BBC에 입사한 후 독일부장·해외국장·서독 영국 점령지구 방송국장을 거쳤다.

---

23 BBC 공식역사가인 브리그스(Briggs, 1995; LeMahieu, 1998))는 '역대 BBC 사장 가운데 존 리스만큼 휴 그린을 중요하게 생각하였다'고 한다. 실제 그는 5권의 한 장을 할애하여 그린을 조망하였다. 리스 또한 "휴와 나는 사고방식과 태도가 정반대다. 나는 이끄는데, 그는 온갖 의견을 다 내놓는 군중을 따른다"고 하였다(김우룡·김해영, 2014).

BBC의 독일 전문가로 평가받아 2차 대전 후의 독일 공영방송 설립에 주도적인 역할을 하였다. 영국방송의 '공공서비스' 정신을 독일에 이식한 공로로 독일정부로부터 1977년에 훈장을 수여받았다.

개인 이력과 생애

그린은 1910년 허트포드주의 작은 타운인 버크햄스티드(Berkhamsted)에서 태어났다. 그린은 상류층 출신이었다. 고조부인 벤야민(Benjamin Greene)은 맥주공장을 설립하였고, 서인도제도에서 설탕 플랜테이션을 하였다. 아들 중 한명은 그린의 할아버지이고, 다른 형제는 영국은행 회장, 또 다른 형제는 의회 의원이었다. 그린의 아버지는 바리스타가 되고자 하였으나, 공립학교의 교장이 되었다. 여섯 형제중의 다섯째인 그린은 아버지 학교에서 교육받고 애국심, 기독교 정신 그리고 제국에 대한 존경심을 배웠다. 다른 형제들은 작가 그레험 그린(Graham Greene)과 의학박사인 레이몬드 그린(Raymond Greene) 등이 있다. 그는 옥스퍼드(Merton College)에서 소설가가 되고자 하였지만, 저널리스트가 되었다(Waymark, 2005).

대학을 졸업하기 전에 독일을 몇 번 갔으며 졸업 후에는 〈The Daily Herald〉와 〈New Statesman〉의 뮌헨 통신원을 하였다. 1934년에 〈The Daily Telegraph〉의 베를린 지국에서 근무하였다. 독일에 근무하면서 나치를 직접 목격한 것이 그의 삶에 지대한 영향을 미쳤다. 자유를 상실하면 인내심과 인간성이 추락한다는 것을 뼈저리게 느꼈다. 1939년에 독일에서 추방되어 런던으로 돌아왔다. 〈The

Daily Telegraph〉는 그린을 바르샤바로 보냈으나, 1939년 9월에 독일이 폴란드를 침공하면서 다시 떠나야 했다. 전쟁 중에 그는 루마니아, 불가리아, 터키, 네덜란드, 벨기에와 파리에서 기사를 작성하였고 독일군이 파리에 입성하자, 다시 런던으로 돌아왔다. 몇 달 뒤에 공군에서 정보장교로 활동하면서 BBC 독일어 서비스의 뉴스 편집인이 되었다. 1949년에 BBC의 동유럽서비스 책임자가 되었다. 1950년에 말라야 연맹(Federation of Malaya)[24]의 비상정보 책임자가 되었는데, 이때 그의 참모 중 한사람이 나중에 싱가포르의 수상이 되는 리관유(Lee Kwan Yew)로 가까운 친구가 되었다. 1952년에 런던으로 돌아와 BBC 해외서비스의 부국장, 1955년에 국장이 되었다.

그린은 BBC 사장을 그만둔 후에 BBC와 ITV를 위한 프로그램을 제작하였다. 〈Sherlock Holmes〉의 경쟁자에 대한 이야기를 만들고, 형인 그레험과 함께 〈Victorian Villanies, 1984〉를 만들었다. 형의 출판사인 보들리 헤드(Bodley Head)의 이사회 의장이 되었다. 그는 평생에 걸쳐 전체주의와 독재를 싫어하였으며 1967년 그리스의 군사쿠데타에 반대하는 캠페인에서 적극적으로 활동하였다. 그리스에서 시민규칙이 다시 도입되었을 때 그린은 그리스 정부에 방송의 구성에 대한 자문을 해주기도 하였다. 그린은 4번 결혼하였다. 1934년에 은행가의 딸(Helga Mary)과 결혼하여 두 명의 아들을 두었고, 1948년에 이혼하였다. 1951년에 뉴욕 회계원의 딸(Elaine

---

24   이전에 영국령 말레이시아(9개의 말레이주와 직할통치지역인 페낭과 말라카지역)으로 1948년 2월부터 1963년 9월까지 존속하였다[Wikipedia].

Shaplen)과 재혼하였다. 이들도 2명의 아들을 두었고, 1969년에 이혼하였다. 1970년에 독일 여배우(Tatana Sais)와 세 번째 결혼을 하여 그녀가 1981년에 사망하였다. 1984년에 호주의 각본 감독(Sarah Mary Manning Grahame)과 결혼하였다. 세 번째와 네 번째 결혼에서는 자녀가 없었다. 그린은 1987년에 암으로 사망하였다. 1950년에 영국정부에서 예술과 문화에 기여한 공으로 훈장을 받았고, 1964년에 기사작위를 받았다. 이스트 앵글리아 대학, 요크대학과 개방대학에서 명예박사학위를 받았다.

독일공영방송에 '영국 정신' 이식

신문사와 방송사에서 독일 주재원과 독일어서비스를 담당하였던 휴 그린은 전후에 독일 북서부방송(NWDR)에 파견되어 독일공영방송의 산파 역할을 하였다(최정우, 2009). 연합군정의 통치위원회가 1947년 2월에 프로이센 주를 해체하고 행정구역을 조정하면서 지역분권적인 공영방송제도가 만들어졌다. 영국은 1947년에 함부르크 방송(Rundfunk in Hamburg), 미국은 1948년부터 프랑크푸르트 방송(Radio Frankfurt), 슈투트가르트 방송(Radio Stuttgart), 뮌헨 방송(Radio München), 브레멘 방송(Radio Bremen)을, 프랑스는 1951년에 바덴바덴 방송(Rundfunk in Baden-Baden)을 설립했다.

1947년 영국 점령지역의 방송책임자인 그린은 함부르크에 북서부독일방송(NWDR)의 방송학교를 설립하였다. 그가 독일에 와서 처음 한 것이 방송 저널리즘 학교를 설립하는 것이었다. 그린은 나치기간동안 영국 BBC에서 독일어방송을 하였던 독일인들을 중심으로 NWDR을 운영하고, '잉글랜드 정신(England Spirit)'을 이식하기 위해 방송저널리스트 학교를 운영하였다. 독일방송역사에서 방송저널리스트학교는 처음이었다. 바이마르 공화국과 제3제국에서 방송인들을 양성하는 학교의 전통은 없었다. 따라서 교육훈련의 모델을 BBC에서 차용하였다. 전쟁 전에 BBC에는 일반방송학교, 행정학교와 엔지니어 학교가 있었다. 독일에서는 일방방송학교와 유사하게 저널리스들을 양성하는 학교가 설립되었다. 이들의 임무는 민주사회에서 저널리스트로서의 자질과 책임감을 교육하는 것이었다. 훈련 프로그램은 공개적으로 모집되었고, 열성적인 지원자들로부터 신청서를 받았다. 그린은 주로 학교에 집중하였고, 마스(Alexander Maaβ, 1902-1971)가 일상직인 업무를 하였다. 마스는 이차대전 중에 영국에서 독일방송을 하였던 저널리스트로, 전후에 독일로 귀환하였다. 그린은 마스에게 모든 조직업무와 신규인력 충원까지 맡겼다. 1947년에서 1948년 사이에 세 가지 교육코스를 운영하여 55명의 남성과 21명의 여성을 교육하였다. 이들의 대부분은 독일의 유명한 저널리스트가 되었다. 독일인 저널리스트들이 대부분의 교육을 담당하고, 일부만 영국에서 온 사람들이 맡았다. 148명의 강사 중에 영국 시민은 15명이었다. 이들은 '영국 정신'에 대해 배웠다(Wagner, 2015).

그린은 전후 북서부독일방송의 첫 번째 사장이 되었다. 하지만, 독일인들에게 자신은 '가능한 한 빨리 떠날 것'이며 독일인들에게 빨리 사장자리를 넘겨줄 것이라고 하였다. 실제, 1948년 1월에 사장이 되어 8월 15일에 그만두고, 후임자인 사민당 정치인 마스에게 사장자리를 넘겨주었다. 그는 런던에 있었던 독일인들을 북서부독일방송의 간부급 직원으로 채용하였다. 슐츠(Schultz, 1910-1964)는 1941-1945년 BBC 독일서비스에서 일하였다. 1948년 그린은 그를 북서부독일방송의 대외업무국장으로 선임하여 정치인들을 비롯한 외부인들과 방송국의 가교업무를 맡았다. 두 번째 인물은 런던으로 망명간 작가 알빈 스토이브스(Albin Stuebs, 1900-1977)로 BBC에서 일하다가 1947년 독일로 돌아왔다. 그는 학교에서 BBC조직과 저널리즘 규범에 대해 강의하였다. 그린이 사장으로 재직하는 동안 북서부독일방송의 임직원에 대한 정치적 루머가 횡행하였다. 사민당과 결탁된 마스, 슐츠와 스토이베 등이 나치기간 동안 공산당 활동을 하였다는 것이다. 기민당 관련 신문들은 신문기사들을 통하여 이들의 과거를 폭로하였다. 이에 북서부독일방송은 명예훼손을 당한 이들의 명단을 밝히고, 기민당의 음모를 폭로하였다. 영국 점령군이 상황을 끊임없이 감사하여 별반 문제가 없다고 하였다. 이처럼 여러 가지 어려움에도 불구하고 그린과 영국에서 귀환한 독일인들에 의해 북서부독일방송에 '영국 정신(British Spirit)'을 이식하였다. 영국정신은 영국에서 귀환한 독일인, 교육학교에서 훈련 받은 독일인들, 혹은 방송국에서 일하는 독일인들에 의해 계승되었다. 이들은 새로운 민주정치체제와 방송의 독립성을 보장하는 방어자가 되었다. 또한 독일방송의 발전은 공공서비스 이상과 밀접하게 연관되어 있다. 영국공공서비스 방송의 이상이 완전히 실현되지는 않았지만, 북서부독일방송은 독일공영방송의 모범이 되었다(Wagner, 2015).

1960년대 TV의 황금시대

1950년대는 '엄격한 사회적 위계', '섹스에 대한 억압적 태도' '권위
에 대한 무조건적 존경' '언어, 에티켓과 복장에서의 엄격한 형식주
의' 등으로 표현되었다. BBC는 기성체제의 표현 도구이며, 옥스브
리지 출신들이 지배하였다. BBC의 위계는 경영위원으로부터 시작
되었다. 경영위원은 방송에서 영국지배계급의 견해를 대변하였다.
사장을 포함한 경영진들도 기성체제 출신들이 대부분이었다. 중하
층이나 노동계급 출신들은 코미디언, 대중가수, 작가 등이었는데,
이들도 BBC 문화에 동의해야 했다(Waymark, 2005).

1950대 후반부터 1960년대는 보수주의와 기성체제에 대해 변화
가 일어나기 시작하였다. BBC TV의 독점이 깨어지고, ITV와 경쟁
이 시작되었다. 경쟁은 BBC에 많은 변화를 가져왔다. ITV가 뉴스
와 시사물에서 다수주의 전략을 펼치면서, BBC도 수용자를 고려
한 프로그램으로 응답하였다. 젊은 층에 소구하는 대중주의 전략
을 펼친 것이다. 또한 라디오를 청취자별로 소구하게 하였다. BBC
는 대중적 TV 프로그램과 청취자별 라디오 채널 전략을 통하여 많
은 인기를 얻었다(LeMahieu, 1998).

1956년에 인사이동으로 인해 그린은 프로그램 제작과는 멀어졌
지만, 1959년에 은퇴하기로 된 제이콥 사장의 계승자 위치를 확보
하였다. 이후 BBC에 신설된 뉴스와 시사국장이 되었다. 이 시기

에 TV가 라디오를 추월하여 주된 방송매체로 자리 잡았다. 그린은 TV와 라디오간의 상호협동을 강조하였다. 그는 BBC의 현대화 계획을 추진하였는데, 홀(Tahu Hole)이 진두지휘하는 BBC 뉴스부서의 저항을 받았다. 또한 1955년에 시작된 상업방송 ITN 뉴스가 BBC를 시청률에서 앞질렀다. 제이콥 사장은 그린의 현대화 계획을 강력하게 지지하며, 홀을 행정 국장으로 전보시켰다. 그린이 도입한 개혁방안은 정당정치를 담당하는 통제적이고 관료적인 체제를 없애는 작업이었다. 1959년 총선을 보도하면서 그린은 BBC를 ITN이나 신문과 같이 뉴스가치에 중점을 두고 선거를 보도하였다. 그린의 제이콥 계승은 1959년에 발표되었는데, BBC 내부의 광범한 지지를 받았다. 그린이 BBC 경영진이 내부 승진한 첫 케이스이고, 그린이 혁신한 뉴스와 시사물들이 성공하였다. 그는 1960년 1월에 사장으로 취임하여 뉴스 및 시사국장 자리를 폐지하고 직접 관할하였다. 그린은 현대화 프로젝트로 ITV에 빼앗겼던 시청자들을 상당부분 찾아왔다.

1960년에 정부는 필킹턴 위원회(Pilkington Committee, 1962)를 설립하였다. 그린은 필킹턴 위원회에 상업방송이 공공서비스 의무를 소홀히 하고, 프로그램 질이 BBC보다 많이 떨어진다고 주장하였다. 그린은 사장이 되면서 필킹턴 위원회에서 다음과 같이 제안하였다. BBC에 광고를 도입하면 ITV와의 상업경쟁이 가속화되므로 수신료를 유지해야 한다. BBC가 공공서비스로서 확고하기 위해 전국적인 수신지역을 늘려야 하며, 이를 위해 BBC2 TV 채널이 할당되어야 한다고 하였다. 또한 라디오 방송의 자체 지역서비스를 증가시켜야 한다는 것이다(Tracey, 1998).

필킹턴 위원회는 BBC와 그린에 호의적이었고, 정부는 세 번째 채널을 BBC에 할당하고 컬러TV를 도입하였다. 그린은 프로그램 제작자들에게 1960년대의 사회변화 분위기를 반영하는 자율성을 부여하였다. 1962년에 시작된 시사풍자 코미디물 〈That Was The Week That Was〉는 영국 기성체제가 이제까지 느끼지 못한 분위기를 연출하였다. 1960년대 영국의 사회분위기를 반영하여 기성체제와 정치인들을 풍자하였다. 1962년 1월에 시작된 〈Z Cars〉는 새로운 경찰상이 그려지며 1963년에 1650만 시청자를 기록하였으며, 1978년까지 801개의 에피소드를 기록하였다. 〈The Wednesday Play〉, 〈Cathy Come Home, 1966〉에서는 집 없는 사람들의 어려움에 시청자들이 공감하였다. 이외에도 〈Doctor Who, 1963〉, 〈Top of the Pops, 1964〉, 〈Horizon, 1964〉, 〈Tomorrow's World, 1965〉와 〈Dr Kildare〉 등이 공전의 히트를 쳤다.

그린이 사장으로 있으면서 ITV를 추월하고 많은 인기를 끌었으나, 우파 기독교 시청자단체 수장인 메리 화이트하우스(Mary Whitehouse) 여사로 부터 많은 공격을 받았다. 화이트하우스가 1960년대의 새로운 도덕에 대해 반대한 것은 그의 나이와 사회적 계급 때문이다. 1963년 그녀의 나이는 53세이고 그 세대는 방송에서 섹스와 나쁜 용어를 사용하는 것에 대해 거부감을 가지고 있었다. 사회적으로 그녀는 중산층의 맨 밑에 있었다. 아버지는 작은 사업을 하였는데, 사업이 매번 성공적이지 않아서 그의 어머니에게 기대야 했다. 또한 기독교 종교관을 가지고 있었다. 화이트하우스 여사는 지적이지 않았고, 그런 체도 하지 않았다. 학교선생을 하면서 예술을 가르치고, 아카데믹한 훈련을 받지도 않았다. 그녀는 TV가 개인의 행동에 직접적인 영향을 미친다고 믿었고, 범죄들이 TV 영향을 받았다고 생각했다. 학교의 수업에서 TV 프로그램을 보고 토론하면서 충격을 받았다. 학생이 혼전에 섹스가 가능하다고 하였지만, 그녀는 안 된다고 하였다. 화이트하우스는 그린의 BBC체제가 도덕적 타락에 가장 주된 책임이 있다고 하였다. 여사는 경영위원장 비서에게 전화하였으나, 그는 만나기를 꺼려하였다. 다음에는 그린 사장 비서에게 전화하여 비서의 가족들과 함께 저녁을 하였다. 하지만 BBC 프로그램에서 개선이 없고 의회에서도 칙허장을 갱신하는 것에 무관심하였다. 이에 Clean-Up TV Campaign[25]을 시작하여 BBC를 무차별적으로 공격하였다(Waymark, 2005).

1964년에 집권한 노동당 정부는 BBC2 신설, 컬러TV의 도입 그리고 필킹턴 위원회가 권고한 4번째 TV채널 할당방안을 고민하였다. 전임 보수당 정부는 1964년 총선에서 BBC 수신료를 4파운드로 동결하여 BBC에게 경제적 부담을 안겼다. 반면 새로 집권한 노동당은 BBC의 관계가 원활하지 않았다. 1965년 1월에 BBC는 반론권이 보장되지 않는 수상의 방송을 거절하였다. 이후 수상은 BBC에 적대적이고, 상업방송인 ITV에 우호적이었다. 윌슨 수상은

---

25 1964년에 화이트하우스 여사가 남편과 함께 만든 우파기독교 TV시청자운동단체. 1965년에 전국시청취자연합(National Viewers and Listeners Association, NVLA)으로 이름을 바꾸었다. 화이트하우스 여사는 1994년까지 그룹의 리더였다[Wikepedia].

1966년 선거에서 승리한 후 BBC의 인터뷰 요청을 거절하고 ITV와 인터뷰를 하였다.

BBC는 신규채널 BBC2 때문에 재정이 많이 필요하였지만, 윌슨 수상과 토니 벤 체신부 장관은 미온적이었다. 1965년 내각회의는 BBC의 재정충당방안으로 수신료 인상, 정부교부금 도입과 광고도입 방안을 검토하여 광고도입 방안이 선호되었다. 토니 벤 체신부 장관은 'BBC에 제한적인 광고를 도입하여 비합법적인 해적라디오를 억제하고, 지역과 음악방송을 중심으로 BBC를 개혁하는 방안'을 제시하였다. 하지만 토니 벤의 BBC 광고도입 방안은 보수주의적 시민활동가, 당내의 광고도입 저항세력의 저항을 받았다. 1966년 내각회의에서도 토니 벤을 포함하여 일부는 광고도입을 찬성하였지만, 윌슨 수상을 포함한 대다수가 반대하였다. 윌슨 수상은 수신료 인상을 하지 않고, BBC의 런던 외곽 이전을 포함하는 자구노력 방안을 제안하였다. 이에 BBC의 그린 사장은 1968년까지 수신료 인상 없이 경영이 가능하다고 하였다. 토니 벤 장관은 이에 대해 '내각이 나의 제안을 거절하는 명분을 BBC가 제공하였다'고 비판하였다(Freedman, 2003, 43-50).

관례적으로 BBC는 정치적 이념에 관계없이 경영위원으로 임명되면 정치적 압력에 대항하는 BBC의 수호자가 되었다. 1968년 보수주의 정치인인 힐 경(Lord Hill)이 임명되기 이전까지 BBC 경영위원회 위원장은 대개 비정치인이 선정되었다. BBC와 갈등을 겪은 윌슨 수상은 노만브룩(Lord Normanbrook) 경영위원장이 사망하자, 보수주의자인 힐 경을 BBC 경영위원회 위원장으로 임명하여, BBC의 구조 개혁을 주문하였다. 힐 경은 1950년대에 체신부장관, 1960년대에 상업방송 규제기관인 IBA(Independent Broadcasting Authority) 위원장을 역임하면서 BBC를 비판하였다. 특히 체신부장관 시절 수에즈운하 위기를 겪으면서 BBC에 비판적 태도를 가지고 있었다. BBC는 윌슨 수상과 관계가 불편한 그린의 조기퇴진을 유도하기 위해 대표적인 보수주의자를 BBC 경영위원장으로 임명하였다고 판단하였다(Darlow, 2004, 29-34). 이는 BBC와 그린을 모욕하는 것으로 그린이 사직하고자 하였으나, 경영진들이 반대하였다. 그린과 힐은 매우 불편한 관계로 지내다가 1969년 3월에 그린 사장은 BBC를 그만두었다. 이 결정이 그린 사장의 결정이라는 것을 명확히 하기 위해 힐 경은 그린이 경영위원으로 남기를 희망하였다. 이에 그린은 1969년 7월에 경영위원으로 복귀하였다. 이는 BBC 역사에서 전무후무한 일이었다. 존 리스는 사장을 그만두고 한참 뒤에 경영위원으로 복귀하고자 하였으나 실패하였다. 힐과 그린은 1969년 가을에 많은 갈등을 빚었다. 힐은 경영위원들이 경영진의 내부회의 자료 등을 받아야 한다고 제안하였으나, 그린은 사장의 권위와 독자성을 해칠 수 있다는 이유로 반대하였다. 경영위원회에서 몇 차례 이 문제를 논의하였으나, 힐의 뜻은 관철되지 못하였다(Briggs, 1979).

비판적 평가

1960년대 그린 사장 체제는 BBC가 기성체제를 비판하는 진보와 혁신의 아이콘이었다. 그린 사장은 BBC가 더 이상 기성체제의 기둥이 아니라고 하였다. 1955년 상업방송이 등장하고 60년대에 정치사회적 분위기가 바뀌면서 기존의 규범들이 도전 받기 시작하면서 BBC는 빼앗긴 시청자들을 회복하기 위해 기성체제를 공격하기 시작하였다. 스튜어트 후드(Stuart Hood) BBC 프로그램 국장은 '그린이 군주제, 교회, 지도적 정치인과 이전에 터부시 되었던 것들을 공격하였다'고 한다. 1977년에 발간된 애넌 위원회(Annan Committee, 1977)는 '1960년대에 BBC가 전통적인 국가 기관과 제도의 지도자격인 사람들에 대해서도 적개감을 표출하였다'고 한다. 1960년대의 비판적 사회분위기가 BBC의 비판적 시사물 〈Panorama〉와 그라나다 TV의 〈World of action〉 등을 출현하게 하는 계기가 되었다(Mills, 2016).

1960년 필킹턴 위원회는 BBC의 손을 들어주고, 상업방송인 ITV에 비판적이었다. 하지만 1960년대 말부터 기성체제는 물론이고, 진보세력도 BBC를 비판하기 시작하였다. 뛰어난 가부장적 기관인 BBC는 관료적이고 무책임한 기성체제의 일부분이 되었다. 1960년대에 BBC가 팽창하면서 BBC의 프로듀서들은 관료주의와 행정 권력의 성장에 좌절감을 느꼈다. 이들은 정부가 BBC를 은밀하게 통제하고, BBC 경영위원회가 현 정부를 지지하지 않는 60%의 의견을 무시한다고 보았다. BBC 방송PD출신인 토니 벤(Tony Benn) 노동당 의원은 방송이, 특히 북아일랜드 보도는 다양한 사람들의 의

견과 태도를 무시하고 억압하였다고 비판하였다. BBC의 보도태도에 대해 불만이 늘어나자, BBC는 1972년에 긴급하게 방송불만처리위원회를 설치하였다. 하지만 방송개혁을 요구하는 사람들은 방송불만처리위원회가 임시처방전에 불과하므로 방송전반을 통제하고 관리하는 공공방송위원회(Public Broadcasting Commission)의 설립을 제안하였다(Hood & O'leary, 1990, 43-46).

브리그스는 그린 사장이 단 한번 그의 작업에 간섭을 하려고 하였다고 한다. BBC 사장 가운데 가장 자유주의적인 휴 그린 사장은 필킹턴 위원회를 의식하여 상업방송에 대해 비판적으로 서술해 달라고 한 것이다. 브리그스는 '그린 사장은 저널리스트 출신이며 방송역사에 대한 장기적 관점이 없고 현재에만 관심이 있다'고 평가하였다. 이는 진 시튼이 브리그스와 인터뷰한 결과인데, 그린 사장의 아들인 그레함(Graham Greene)은 '그의 아버지가 여론의 자유에 결코 간섭하지 않았다'고 반박하였다. 자유주의는 그린 사장의 절대적인 가치이다. 그의 아들은 브리그스의 해석에 대해 동의하지 않았다(Seaton, 2015b).

제2부

방송역사 연구의
개척자들

아사 브리그스(Asa Briggs)

레이몬드 윌리엄스(Raymond Williams)

에릭 바르누(Erik Barnouw)

6장

자유주의 방송역사연구의 개척자, 아사 브리그스[26]

BBC의 공식역사가, 브리그스

아사 브리그스(Asa Briggs, 1921-2016)에 대한 책을 편집한 역사학자 테일러(Taylor, 2015)는 '2차 대전 이후 영국의 공적인물 연대기에서 아사 브리그스만큼 현저한 족적을 남긴 사람은 드물다'고 하였다. 브리그스는 베스트셀러 역사학자, 1960년대 새로운 대학 설계자, BBC의 공식 역사가, 성인 교육의 리더, 지역 예술과 영국학계의 국제화에 앞장선 사람이다. 빅토리아 시대의 연구와 서섹스 대학의 설립에 지대한 역할을 하였으며 BBC 역사를 정리하였다.

---

26 6장과 7장은 정용준(2019)을 중심으로 보완하였음을 밝혀둔다.

30여권의 책을 저술하고 120편 정도의 논문을 썼다. 특히, 〈진보의 시대, Age of Improvement〉와 〈잉글랜드의 사회사, Social History of England〉는 지금도 널리 읽히는 베스트셀러 역사서이다. 그는 성인 교육의 주창자이자 1960년대 대학의 설계자이기도 하다. 1958년에서 1967년까지 성인교육협회 회장을 역임하면서 노동계급의 평생교육을 강조하였다. 특히 1960년대 후반에 설립된 개방대학은 브리그스가 윌슨 정부에 강력하게 권고한 결과물이다. 1960년대에는 서섹스 대학과 리즈 대학 역사학부를 이끌고, 옥스퍼드 대학(Worcester) 학장과 개방대학 총장을 역임하였다. 특히 학과의 벽을 허물고 주제와 쟁점중심으로 학제 간 연구를 강조하였다.

또한 브리그스(Briggs, 1961, 1965, 1970, 1979a, 1995)는 BBC 역사연구서 5권[27]과 관련 서적 다수를 저술하여 BBC 역사 연구를 선도한 개척자이다. 그는 BBC를 진보적으로 발달하고 공중을 계몽하는 매체로 서술한 자유주의 방송역사가이다(Briggs, 1980; Curran, 2002). 이 책들은 BBC의 역사에 대한 최초의 그리고 가장 체계적인 서술일 뿐만 아니라, 20세기 영국 역사 자체에 대한 커다란 기여라는 평가를 받았다(Nicholas, 2015). 그는 대부분의 역사학자들이 연구가치가 없다고 여기는 미디어와 커뮤니케이션(대중통속물)에 대한 분

---

[27] Briggs, A(1961, 1965, 1970, 1979, 1995). 〈History of Broadcasting in the United Kingdom〉. Oxford: Oxford University Press. 브리그스가 40년에 걸쳐 저술한 다섯 권의 BBC 역사서는 기념비적 역작으로 평가 받았다. 최초의 그리고 가장 체계적인 BBC 역사에 대한 서술일 뿐만 아니라, 20세기 영국 역사에 대한 커다란 기여라는 찬사까지 받았다(Nicholas, 2015).

석을 통하여 역사를 제대로 해명할 수 있다고 하였다. 신문이나 방송은 미디어 역사일 뿐만 아니라, 당시의 정치경제적 시대사라는 것이다. 또한 언론 학자들이 빠져들기 쉬운 '미디어 중심주의'에서 벗어나 미디어와 사회의 관계를 총체적으로 조망하는 '미디어 사회사'를 지향하였다. 그가 매진했던 성인교육이나 대학개혁운동과 마찬가지로 BBC를 공중을 계몽하는 매체로 서술한 자유주의 방송 역사가이다. 브리그스는 미디어 역사연구의 위치를 격상시킨 선도적 개척자(O'Malley, 2002)이지만, 국내에서는 BBC 역사서를 서술한 역사학자 정도로만 알려져 있다.

개인 이력과 지적 배경

아사 브리그스(Asa Briggs, 1921-2016)는 요크셔 지방의 작은 산업도시인 카일리(Keighley)의 가난한 노동자 가정에서 태어났다. 아버지 윌리엄(William Briggs)은 해군 공장에서 노동자로 일하였다. 아버지는 보수당을, 어머니는 자유당을 지지하고 종교도 달랐지만, 브리그스는 특정 정당이나 종교 활동에 적극적이지 않았다. 아버지가 반주하는 피아노에서 가족들이 노래를 부르고, 집에는 언제나 친구들로 가득하였다. 할아버지는 요크셔의 성당, 성과 작은 타운으로 데리고 다니면서 역사, 과학과 기술에 관심을 가지도록 하였다 (Thane, 2017). 카일리 보이즈 그래머 스쿨을 졸업하고 캠브리지 대학(Sidney Sussex College)에 진학하였다. 아버지는 브리그스의 대학진학을 원하지 않았지만, 만류하지도 않았다. 1941년에 캠브리지 대학에서 역사학을, 런던정경대(LSE) 경제학 학위를 동시에 받았다. 당시 이차대전 중에 런던정경대학이 캠브리지로 임시 이전하여 가능한 일이었다. 그는 대학에서 정치보다는 대학개혁운동(커리큘럼과 교수법 개혁)에 적극 관여하였다. 2학년 때에 물리학 교수의 레이더 팀에 합류하여 초고속 모스부호코드를 배웠고, 수학에도 재능을 보여 앨런 튜링(Alan Turing)과 함께 브레츨리 파크(Bretchley Park) 팀에서 난공불락이었던 독일군의 애니그마 암호체계를 해독하는 비밀 임무를 수행하였다. 평생 이 사실을 비밀로 하다가 2011년에야 책으로 출간하였다.

2차 대전 후 옥스퍼드 대학의 연구원(fellowship, 1945-1955)으로 노동과 사회경제사 강의를 하였다. 1955년에 수잔 벤웰(Susan Banwell)과 결혼하여 고향인 리즈대학의 근대사(Modern History, 1955-1961) 교수로 재직하였다. 동료역사학자인 해리 피트(Harry Pitt)에 의하면 '결혼식이 오후 2시 30분에 예정되어 있었다. 손님들이 교회에 도착하였고, 목사와 연주자들은 준비되어 있었다. 신랑은 결혼식 30분전까지 대기실에서 열심히 타이프를 치며 〈New Statesman〉을 위한 원고를 썼다'고 한다. 이 일화는 브리그스가 지적인 에너지가 넘치는 사람이라는 것이다(Smith, 1990). 그는 지역의 역사연구를 강조하여 〈지역도시의 노동운동 비교연구〉, 〈3개 도시의 의회개혁운동연구〉 등을 연구하였다. 리즈대학을 거쳐 서섹스 대학에 역사학 정교수로 부임하면서 사회과학대 학장(1961-65)과 부총장(1967-76)을 역임했다. 브리그스는 특정 정파와 학파에 휩쓸리지 않으면서, 모두와 친하게 지냈다.[28] 마르크스주의자는 아니지만, 노동계급의 계몽을 위해 학문적, 실천적 노력을 하였다. 대학에서 성인교육을 확장하는 것에 관심을 가졌고, 1954-61년에 노동교육협회(Workers Educational Association, WEA)의 부회장과 회장을 맡았다. 헤롤드 윌슨(Harold Wilson) 노동당 정부를 설득하여 1969년에 개방대학(The Open University)을 시작하고, 1978년에 개방대학의 총장이 되었다. 1976년에 남작의 작위를 받았고, 1980년대 말에 미국 콜롬비아대학의 미디어 연구센터에 초빙연구원이 되었으며, 1991년에 옥스퍼드 대학의 학장이 되었다. 이후 윌리엄 모리스협회(Wiiliam Morris Society) 회장(1978-1991), 빅토리아 협회(Victorian Society) 회장(1986-종신)을 역임하였으며, 2016년에 94세의 나이로 사망하였다.[29]

이처럼 화려한 경력을 가지고 평생 열정적으로 다방면에서 활동하였던 브리그스는 역사학을 기반으로, 방송과 문화에 접근하였다. 그는 주변 환경에 긍정적인 자유주의자로, 지역과 노동계급의 삶을 향상시키기 위해 노력하였다. 브리그스는 가난한 노동계급 출신이지만, 가족과 지역 공동체에 대한 믿음과 애정을 키웠다. 가족과 지역 공동체에 대한 믿음은 평생 노동계급과 지역도시를 연구하고 이들의 삶을 개선하는 실천적 사회운동으로 이끌었다. 또한 특

---

28 브리그스는 윈스턴 처칠의 〈History of the English Peoples〉의 교정을 보기도 했고, 마오 주석의 2인자인 주은래와 원자탄의 아버지인 오펜하임(Oppenheimer)과도 친하게 지냈다. 1960년대에 중국을 방문하였는데, 마오는 이 당시 문화대혁명으로 서구의 비난을 받았다. 브리그스가 마오의 도자기를 수집하여 집에 전시하였다. 주변사람들은 '왜 시대적 살인마의 도자기를 전시하느냐'고 묻자, 브리그스는 "세상이 끝날 때 까지 비판하기 위해서"라고 하였다(Jones, 2016).

29 https://en.wikipedia.org/wiki/Asa_Briggs.

정종교나 신념에 얽매이지 않고 지역 활동에 적극적으로 참가하는 자유분방한 유년시절을 보냈다. 브리그스의 대학 친구 중에는 해롤드 맥밀란(Harold Macmillan), 제임스 캘러헌(James Callaghan)이 수상을, 데니스 힐리(Denis Healey)가 재무부 장관을 지냈다. 이들은 브리그스가 정치를 하였으면, 자신들보다 훌륭한 수상이 되었을 것이라고 하였다(Jones, 2016). 브리그스는 의회의 의원 제안을 거절하고 학자의 길을 걸었다. 유수한 영국의 정치인 및 세계적 인물들과 친분을 가지고, 문학 작가 및 시인 협회를 이끌면서 영국 학회의 국제화에 앞장섰다. 대학교수이면서도 상아탑에 머무르지 않고 지역노동계급의 삶의 향상을 위해 노력한 실천가이자, 인류사회의 진보를 위해 노력한 자유주의자이다. 대학에서 정치활동을 배제하고 교수법과 커리큘럼 개성과 같은 대학개혁운동에 매진하면서 특정 정당과 학파나 입장에 휩쓸리지 않으면서, 모두와 친하게 지냈다.

성인교육운동은 브리그스의 학문적, 사상적 입장에 결정적인 영향을 미쳤다. 노동자교육협회(WEA)는 맨스브리지(Albert Mansbridge)가 19세기 대학연계성인교육의 연장으로 1903년에 창설한 단체이다.[30] 브리그스는 물론이고, 윌리엄스(Raymond Williams), 호가트(Richard Hoggart), 톰슨(Edward Thompson), 하지킨(Thomas Hodgkin) 같은 옥스브리지 출신 노동계급 지식인들이 성인교육운동에 적극

30　초기에는 노동자 고등교육증진협회(An Association to promote the Higher Education of Working Men)였다가, 1905년에 노동자교육협회(Workers' Educational Association)로 바꾸었다(이윤미, 2016).

적으로 참여하였다.

브리그스는 맑스주의자는 아니지만 노동계급의 계몽에 학문적, 실천적 노력을 하였다. 그는 학제간의 벽을 허물고 주제와 쟁점 중심으로 커리큘럼을 개정하는 대학의 개혁은 물론이고, 성인노동자들을 위한 개방대학과 성인교육운동에도 적극적이었다. 특히 대학에서 성인교육을 확장하는 것에 관심을 가졌고, 해롤드 윌슨(Harold Wilson) 노동당 정부를 설득하여 1969년에 개방대학(The Open University)을 시작하게 하였다. 1954-61년에 노동교육협회(Workers Educational Association, WEA)의 부회장과 회장을 맡았다. 윌리엄스는 1946년부터 옥스퍼드 대학 연계 성인교육에 참여하여 활동하다가, 1960년대 초에 노동계급 교육으로서의 활동에 회의를 품으면서 그만 두었다. 1960년대에 성인교육은 일반 대중에게 대학 수준의 교육을 제공하여 그들의 처우 개선에 도움을 줄 것을 목표로 하는 '평생교육'으로 변질되었다. 특히, 성인교육프로그램이 기숙형 칼리지(college)로 전환되어 초급관리자들을 대상으로 한 과정으로 변모하면서 다른 성격을 띠게 되었다. 그는 노동자교육협회(WEA) 연계 성인교육활동에 대해 '인문교양에 기초한 개방적인 노동자교육이 가능하였지만, 대학에 의해 재정적으로나 학술적으로 통제되면서 순수한 노동계급교육을 하기는 어려웠다'고 평가 하였다(Williams, 1979). 이에 윌리엄스는 16년 동안의 성인교육활동을 그만두고, 케임브리지 대학의 교수로 이직하였다.

미디어의 사회문화사

1950년까지만 해도 역사학과 사회학에서 미디어를 진지한 학문의 대상으로 간주하지 않았다. 신문과 출판의 역사를 다루기는 하였 지만, 역사와 사회연구의 보조수단으로 간주하였다. 1950년대 말 부터 1960년대 초반까지 브리그스와 윌리엄스는 역사 및 문화연구 에서 미디어의 역할을 강조하는 사회문화사라는 접근 방식을 채택 하였다. 역사가인 단톤(Robert Darnton)이 2000년 미국 역사학회 회 장 연설에서 역사학자들에게 커뮤니케이션 역사를 연구할 것을 제 안한 것을 보면, 브리그스의 연구가 얼마나 선구적인지 알 수 있다 (Nerone, 2003). 그는 노동자계급을 주된 대상으로 하는 성인교육을 통하여 소설, 신문, 라디오와 TV같은 대중매체의 중요성을 알고 있 었다. 또한 이들은 1956년에서 1962년까지를 주목하였다. 상업방 송인 ITV가 1956년에 시작되었고, BBC2채널 신설을 결정한 필킹 턴 보고서가 1962년에 발간되었다. 이 시기에 문화와 커뮤니케이 션의 급격한 발전이 일어나 1960년대 영국사회의 변화를 주도하 는 '커뮤니케이션 혁명' 또는 '장기간의 문화 혁명'이 전개되었다 (Briggs, 1980).

브리그스는 BBC 역사서를 의뢰받기 이전에 19세기 버밍햄 지역 의 신문, 출판과 공중의 관계를 비롯하여 커뮤니케이션과 문화에 대해 많은 연구[31]를 하였다. 1945년부터 군대의 교육방송 프로그램 을 진행하였고, 이후로도 BBC에서 방송을 진행하였다. 브리그스의 BBC 프로젝트는 역사학자의 외도[32]가 아니라 19세기 지역공동체 와 노동연구의 연장[33]이자 계몽활동이었다. 그에게 BBC는 대학과 마찬가지로 노동계급의 평생교육을 체계적으로 훈육하는 기관이었다(Seaton, 2015).

브리그스는 커뮤니케이션의 역사를 추적하였다. 그는 몸보다 두뇌가 발달하면서 커뮤니케이션 수단이 급속하게 발달하였다고 한다. 영국에서 커뮤니케이션 분야에 주목한 최초의 학자는 콜린 체리(Colin Cherry)인데, 그는 중세경제에 화폐가 도입된 것과 근대 커뮤니케이션의 급속한 발달을 비교하였다. 커뮤니케이션 체제의 발명은 교환 체계이며, 화폐의 발명과 유사하다는 것이다. 교환체계

---

31 Briggs(1949). Press and public in early nineteenth century Birmingham (Oxford: Dugdale Society). Briggs(1951). Review of L. S. Marshall, The development of public opinion in Manchester, 1780–1820, British Journal of Sociology 2, (2), 172–4. Briggs(1955). Review of Brian Inglis, The freedom of the press in Ireland, 1784–1841, Irish Historical Studies, 9(36), 472-3. 등 많은 책과 논문이 있다. 그의 커뮤니케이션 관련 글들은 Fraser, D.(1990). 〈Cities, Class and Communication: Essays in honour of Asa Briggs, 1990〉로 출판되었다. 책을 편집 발간한 프레이저는 브리그스의 주요 관심사를 도시 및 노동자와 커뮤니케이션 부문으로 정리하였다.

32 브리그스의 BBC 작업에 대해 역사학계에서는 주 전공이 아닌 분야에 관여한다는 많은 비판이 있었다. 존 그리그(John Grigg)같은 사람은 〈Spectator〉에서 '그의 역사가로서의 자세는 드라마를 전달하고, 밝은 면과 어두운 면을 그리며, 인간의 미묘함과 아이러니를 서술하는 능력이 모자란다'고 하였다. 그는 자신이 인정하였듯이 너무 많은 출판을 빨리하고 글 스타일이 단문이 아님에도 불구하고 소화하는 능력이 떨어진다. 더욱이 그의 책이 남의 연구를 모방하고 동화되는 경향을 보이면서 연구자로서의 오리지널리티가 부족하다고 비판 받았다. 그의 서평은 언제나 좋은 이야기나 찬사로 가득한데, 이는 그의 천성 때문이라고 한다(Smith, 1990).

33 옥스퍼드 동료교수인 클락(Clark)이 브리그스에게 BBC 역사서에 동의한 이유를 물었더니, 그는 "BBC의 의뢰는 그동안 주 전공이었던 19세기에 이어 20세기 역사를 서술하는 기회를 얻었다. 또한 역사분야 외에도 커뮤니케이션 분야에 대한 관심사와도 일치하였다"고 대답하였다(Fraser, 1990).

로서 화폐의 발명은 권력으로 이끌며, 커뮤니케이션과 정보 저장 수단의 소유는 새로운 형태의 조직으로 이끌며 정보가 권력의 징표가 될 수 있다고 하였다. 브리그스는 레이몬드 윌리엄스가 권력과 우리 자신에 대해 커뮤니케이션의 측면에서 총체적으로 새롭게 사고하는 방법을 추구하였다고 평가하였다. 정치적, 경제적 용어로 우리의 전체 공통생활을 서술하는 것에 익숙하다. 경험의 문제로써 커뮤니케이션을 강조하는 것은 인간과 사회가 권력, 자산과 생산관계에 한정되지 않는 다는 것을 의미한다. 경험을 서술하고, 학습하고, 설득하고 교환하는 관계도 동등하게 근원적이라고 하였다 (Briggs, 1991).

  브리그스가 1961년에 BBC 역사서 1권을 출간하면서, '미디어 역사'는 역사적 관찰의 주변부에서 중심부로 이전하였나. 브리그스가 1961년에 BBC 역사서 1권을 발간하였을 때에, 미국의 실증주의 효과론 외에 모델로 활용할 수 있는 미디어 이론 및 역사가 없었다. 1961년 1권을 출간할 때에 고르햄(Gorham, 1952)의 영국방송사와 아처(Archer, 1938)의 미국방송사 만이 있었다. 바르누(Barnouw)의 미국방송사는 1966년에 1권을 출간하였다. 방송은 녹음 기술이 없어서 양은 방대한데 확인할 수 있는 방법이 없었다. 최근에 개발된 테이프 녹음기로 인해 인터뷰를 기록할 수 있었다. 하지만 리스의 BBC 채용에 대한 문서는 확인 할 수 없었다. 1922년에서 1926년까지 리스가 방송을 만들지는 않았지만, BBC를 만들었다고 할 정도로 개인의 자취가 뚜렷하다. 그럼에도 불구하고 존 리스의 개인사가 아닌 총체적인 역사를 서술하고자 하였다. 1962년에 〈Listener〉

를 위해 방송과 사회라는 글을 쓸 때 문화가 사회경제사에 기여하기를 바랐다. 또한 과거를 현재와 분리하여 서술하지 않으려고 하였다(Briggs, 1980).

미디어의 사회문화사는 리비스로 대표되는 엘리트주의 대중사회론과 사회와 미디어의 관계에 대한 기술결정론 비판을 통해 형성되었다. 이들은 미디어의 역사에 대한 분석 없이 정치사회문화사에 대한 이해가 불가능하다는 것이다. 즉 커뮤니케이션 역사 연구는 모든 역사연구의 기초라고 하였다. 브리그스는 매스 커뮤니케이션과 기술결정론에 비판적이었다. 하층 노동계급인 난중(mob)을 의미하는 대중은 개인을 비인간화시키고, 커뮤니케이션 또한 수송의 의미를 배제하였다고 한다. 윌리엄스는 대중문화의 조작성과 천박성을 제거한 '공통문화(common culture)'의 필요성을 제기했다. 커뮤니케이션의 창의성을 유지하기 위해 참여의 공통과정, 즉 공통문화가 필요하다는 것이었다. 윌리엄스가 '문화는 평범한 것이다'라고 강조한 것은 그런 맥락이었다. 모든 계급의 사람들이 참여할 수 있는 공통문화의 가능성에 대해 1960년대 초까지는 매우 낙관적이었다. 따라서 윌리엄스는 대중문화(라디오와 TV)를 통하여 특권계층이 아닌 노동자들이 장기적으로 계몽되고 삶의 조건이 향상될 수 있다고 믿었다. 브리그스는 윌리엄스의 〈Culture and Society〉에서 제시한 총체적인 커뮤니케이션(수송수단과 미디어를 포함) 개념을 수용하였다. 기술에 너무 많은 중요성을 부과한다는 이유로 기술결정론을 거부하면서 기술이 사회의 선호된 조건과 맥락에서 다루었다. 예를 들어 1차 대전과 2차 대전 사이에 등장한 라디오와

TV는 영국사회의 선호적 가치가 시장보다는 공공 사상이었기 때문에 공영방송제도로 정착하였으며, 국민들의 사회적 통합에 중심적인 역할을 하였다는 것이다(Thompson, 2016). 따라서 1960년대 초창기까지는 윌리엄스와 브리그스 모두 대중 미디어를 통하여 노동자들이 진보될 수 있다는 낙관론을 공유하였다.

또한 브리그스는 BBC의 지원을 받은 공식역사이고 제도사에 그치지 않고, 사회문화사를 지향하였다. 하지만, 브리그스의 미디어 사회문화사에 대해 비판적 시각도 있다. TV역사를 제도, 제작, 텍스트, 사회문화, 테크놀로지로 분류한 코너(Corner, 2003)는 브리그스의 연구가 제도사 위주이고, 일부 인물평가에서 전문직 문화와 관행(제작)에 간접적으로 접근하였다고 평가하였다. 제도사는 미디어 역사를 미디이 제도나 조직의 성장 및 발전사와 동일하게 간주하여 거시적 관점을 소화하지 못하는 한계가 있다는 것이다. 셔드슨(Schudson, 1991)은 제도사는 미디어의 발달과정 전체를 제도적인 측면에서 검토한다. 미디어 제도나 산업에 영향을 미치는 외부 세력들에 관해서만 관심을 두고 미디어나 산업이 사회에 미치는 영향력은 당연한 것으로 간주한다. 브리그스나 바르누의 글이 이에 해당된다. 제도사는 종종 기업과 정부조직들의 기록, 문서에 의존한다. 제도사는 미디어 제작자들 내면의 관심사, 그리고 조직적인 성장 변화의 역동성과 그 결과를 강조하기 위해 정보원을 활용한다. 그러나 조직의 기록물들은 미디어가 개인의 의식이나 정치 그리고 사회구조에 끼친 보다 광범한 효과에 관해서는 아무것도 보여주지 못할 것이다. 그리하여 제도사에 관한 글들은 개별 인물과 조직개

편의 나열로 전락하기 쉽다. 또한 연구의 근간이 되는 자료들이 극히 미미하다.

또한 노르웨이의 미디어 역사학자 달(Dahl, 1978)은 브리그스의 연구가 연대기와 인물 위주의 제도사[34]이긴 하지만, 송신자와 수신자를 연결한 사회사라고 높이 평가하였다. 달은 방송 역사에서 '송신자의 의도를 강조하는 것은 커뮤니케이션 없는 학교 역사와 같고, 수용자의 측면만 강조하는 것은 수용과정의 커뮤니케이션을 제대로 반영하지 못한다고 하였다. 그는 두 가지 접근법을 병행할 때 커뮤니케이션 과정을 제대로 반영할 수 있다'고 하면서 송신자의 의도와 프로그램에 대한 공중의 반응을 사회사적으로 연결하는 것에 브리그스의 탁월함이 있다고 하였다.

하지만 브리그스의 작업이 방송과 사회의 관계를 총체적으로 조망하여 후학들의 길잡이 역할을 하였다는 옹호론 또한 적지 않다. 스캐널(Scannell, 1979)은 브리그스의 역사서를 '경영진의 시각에 입각한 위로부터의 BBC 제도사로 평가절하하기 어렵다'고 하였다. 1권이 출간되었던 1961년 당시에는 참고할만한 방송역사서가 없

---

34 달(Dahl, 1978, 132-133)은 "여러 사람이 분업하여 작성한 독일의 방송역사가 연구의 일관성과 통합성을 해치는 단점이 있는 반면, 한사람이 작성한 브리그스의 BBC 역사연구는 일관성과 통합성이 있어서 이해가 총체적이다. 하지만 분업연구와는 반대로 종합적이고 서사적인 연구는 제도사 편향적이다. 많은 장점을 가진 브리그스의 작업도 수많은 연대기와 이름들로 넘쳐나 마치 미디어사가 아니라 회사의 역사 같다. 이런 유혹은 제도사에서 많다. 제도에서 중요한 것이 반드시 역사에 주요한 것은 아니다. 역사는 커뮤니케이션 수단에 대한 분석이어야 한다. 또한 방송과 기술, 경제, 문화와 교감하는 부문이 약하다"고 평가하였다.

음에도 불구하고, BBC의 모든 활동을 다루는 '총체적 역사(total his-tory)'를 서술하였다는 것이다. 제도사를 서술하면 '위로부터의 역사(history from above, BBC 내부의 다른 의견이 무시되고 경영진의 시각으로 BBC를 재생산하는)'로 귀결되기 쉬운 것이 사실이지만, 당시로서는 역사의 산물인 프로그램 자체를 고려하고, 이것이 사회에 미친 영향과 효과를 고려하는 것이 힘들었을 것이라고 하였다. 브리그스가 뛰어난 사회역사가이지만, 프로그램이 방송과 사회의 관계에 대한 최종적인 표현이라는 것을 간과하였다고 한다. 브리그스는 때때로 프로그램을 통해 사회를 보지 못하며, 방송정책의 결정, 수용자에 대한 고려 등 각 부문이 분산되고 분절되는 경향이 있다는 것이다.

브리그스는 BBC 역사서술에 대해 '공식적이 아닌 하나의 방송역사(not the History but a history of Broadcasting)'로, '제도사보다는 총체적인 사회사(not institutional history but the total social history)'라는 점을 강조하였다. 브리그스는 빅토리아시대는 물론이고 이차대전의 역사를 정리하는 역사가들의 작업에서 공식 역사의 위험성을 철저하게 의식하였다. 기성체제 중심의 공식 역사는 노동계급을 비롯한 국민들의 실제적이고 살아있는 역사를 왜곡한다는 것이다. 그는 현재의 시각으로 과거를 평가하는 방식을 지양하고 후학들이 과거의 원형적 상황을 판단할 수 있도록 하는 길잡이의 역할을 자임하였다. 또한 단지 BBC조직의 발달사가 아니라 BBC가 사회에 미친 영향을 총체적으로 서술하고자 노력하였다. 즉 미디어인 BBC와 정치사회문화의 관계를 조망하는 사회사라는 것을 강조하였다.

1944년에 BBC는 저널리스트인 비노그라도프(Igor Vinogradoff)가 BBC 역사서를 서술하도록 권유하였다. 그는 러시아 역사가이자 옥스퍼드 대학교수인 비노그라도프 경(Sir Paul Vinogradoff)의 아들이었다. 이들은 이용할 수 있는 문서가 없다고 불평하였고, BBC는 이들이 정확하게 원하는 것을 알지 못하였다. 1950년대가 되자 BBC 역사서에 대한 요구가 시급했다. 초창기 BBC를 설립하였던 사람들이 하나 둘씩 사망하기 시작하였다. 당시에는 2차 대전을 정리하는 역사서가 유행하면서 BBC의 역사에 대한 공식적인 기록의 필요성이 제기되었다. 때마침 칙허장과 면허협정서가 의회에서 논의되면서 BBC 독점의 위험성이 제기되었다. 또한 1940-50년대에 BBC 출신들이 BBC를 비판하는 서적을 출간하여, BBC를 기성체제의 일부분으로 비판하였다. 1950년에 코스 교수가 〈British Broadcasting〉을 저술하였다. 그는 BBC가 '잔인한 독점력(the brute force of monopoly)'을 이용하여 당시 경쟁력 있는 케이블TV 서비스를 배제하고, '게으른 공무원들이 보수적인 BBC를 만들었다'고 비판하였다. 이 책은 BBC의 문제점을 반박하기 힘든 경제 분석으로 입증하여 의회에서도 논의되었다. 코스의 책은 BBC로 하여금 역사적 정당성을 공개적으로 주장할 필요를 제기하게 하였다.

이언 제이콥스(Ian Jacob) BBC 사장은 저명한 역사학자 앨런 불록(Alan Bullock) 교수에게 BBC 역사서를 부탁하였다. 제이콥 사장은 권위 있는 역사가이고, 신뢰가 있으면서 BBC의 비밀을 공유하고, 정부와도 친한 사람을 원하였다. 불록 교수는 사양하였지만, BBC는 불록의 어네스트 베반(Ernest Bevin) 전기 작업이 끝날 때까지 기다리겠다고 하였다. 하지만 블록은 옥스포드 대학 출신의 젊은 역사가인 아사 브리그스를 추천하였다. 이에 BBC는 1958년에 브리그스에게 역사서를 의뢰하였다. 최종적으로 브리그스가 BBC 역사서를 맡기로 하면서, BBC TV에서 방송역사가 명확하게 정리되기를 희망하였다.

브리그스는 BBC의 의뢰로 연구팀과 함께 BBC출범 당시의 관계자들에 대한 인터뷰는 물론이고, BBC 아카이브들을 조사하여 30년 가까운 세월동안 다섯 권의 방대한 BBC 역사서를 저술하였다(Seaton, 2015b, 184-196). 〈방송의 탄생 The Birth of Broadcasting〉이라는 부제로 시작하는 1권(1961년에 출판한 1권은 1995년에 전면 수정판을 다시 출간)은 BBC가 시작한 1922년부터 공기업으로 전환하는 1927년 이전까지 방송의 초창기를 다루었다. 체신부, 사업자, 아마추어 통신사의 이해관계를 중심으로 BBC가 출범하는 과정을 자세하게 다루었다. 초창기 BBC의 제도적 틀을 만든 사이크스 위원회(Sykes Committee)와 공영방송 BBC로의 전환을 결정한 크로퍼드 위원회(Crawford Committee)의 정책결정과정을 다루었다. 2권은 〈무선방송의 황금시대 golden age of wireless〉라는 부제로 공영방송으로 전환한 1927년부터 2차 대전 이전인 1939년까지를 다루었다. 여기에서는 BBC가 초창기 지역분권 위주의 상업방송에서 중앙독점의 공영방송으로 변화하는 과정을 다루고 있다. BBC 런던이 통제국을 신설하여 네트워크와 프로그램을 통제하고, 지역방송들이 저항하는 과정을 서술하였다. 또한 공영방송 전환 이후 체신부와 BBC 사장이 경영위원회를 들러리로 전락시키는 과정을 '휘틀리 문서

(the Whitley document)'를 통해 제시하였다.

〈말의 전쟁 The War of Words〉이라는 부제의 3권은 1939년부터 1945년까지 2차 대전 시기이며 BBC의 명성이 국내외에서 극에 달하였을 때이다. 여기에서는 전시체제에서 정보부 및 외무부의 관계, BBC의 해외선전방송을 집중적으로 소개하였다. 리포터 이름을 밝히지 않고 BBC의 신뢰성만을 강조하던 방식에서 덩케르크 철수 작전에서 적의 방송과 혼동을 하지 않기 위해 뉴스 아나운서들이 실명을 밝히게 되었다고 한다(Briggs, 1970). 일부 전문가(Hajkowski, 2005)는 2차 대전을 다룬 3권이 외부서비스, 외무부와 정보부 등에 초점을 맞추어 국내프로그램에 대한 언급이 거의 없다고 지적하였다. 〈소리와 화면 Sound and Vision〉이라는 부제를 단 제4권은 1945년부터 10년간으로 새롭게 등장한 TV의 사회적, 제도적 영향을 자세하게 다루고 있다. 특히 1955년에 상업방송 ITV가 등장하여 경쟁체제로 돌입하게 된 과정을 다루고 있다. 베버리지 위원회가 BBC의 거버넌스 모델과 지역방송 문제를 비판적으로 검토하는 과정을 검토하였다. 〈경쟁 Competition〉이란 부제의 제5권은 가장 긴 기간인 1955-1974년까지를 다루고 있다. 당시 영국방송에서 최대 쟁점이었던 세 번째 채널 할당 문제를 다룬 필킹턴 위원회(Pilkington Committee, 1962)와 네 번째 채널을 할당하는 애넌 위원회(Annan Committee, 1977)가 출범하기까지의 과정을 서술하였다. 브리그스는 1995년에 5권을 끝으로 더 이상 BBC 역사서를 서술하지 못하고 2016년에 사망하였다.

브리그스는 책을 저술하면서 BBC 공식 역사서(The History)가 아니라 하나의 역사서(A History of Broadcasting)라는 것을 강조하였다. 하지만 연구자(Tracey, 1998)들은 브리그스를 BBC 공식 역사가(The Official historian of the BBC)로 간주하였고, 일부 연구자(Hajkowski, 2005)들은 'BBC 아카이브에 의존한 위로부터의 역사 서술'을 하였다는 비판을 하였다. 특히 초창기 BBC를 대표하는 초대사장 존 리스에 대해 찬사만 할뿐 권력 앞에 아부하고 굴종하는 부정적 측면은 거의 묘사하지 않았다고 비판하기도 하였다(Curran & Seaton, 1985/1997, 5th). 또한 방대한 작업에도 불구하고 BBC와 정부의 긴장을 체계적으로 제시하지 못하였고, 방송역사를 연대기적으로 나열하였다는 비판을 받기도 하였다(Oppenheim, 1987). 브리그스는 본인도 '영국방송의 황금기 한계 분석, 1930년대와 1950년대 광고수익에 내한 신문, 라디오와 TV의 태도와 1954년 방송법에 대한 면밀한 검토, 미국과 영국의 방송 비교, 전시방송의 패턴과 지역방송에 대해 제대로 언급하지 못한 것(Briggs, 1980)'에 대해 후회하였다.

그럼에도 불구하고 스캐널(Scannell, 2002, 200-201)은 브리그스의 역사서를 '경영진의 시각에 입각한 위로부터의 BBC 제도사'라고 평가절하하기 어렵다는 것이다. 1권이 출간되었던 1961년 당시에는 참고할만한 국내외 방송역사서가 전무하였기 때문에 방송역사를 발명하는 입장이라고 한다. 그럼에도 불구하고 브리그스는 BBC의 모든 활동을 다루는 '총체적 역사(total history)'를 서술하고자 하였다는 것이다. 이는 2차 대전에서 BBC가 전 세계를 대상으로 단파 방송하였다는 것을 감안하면, 대단히 기념비적 작업이라는 것이다. 또한 제도사를 서술하면 '위로부터의 역사(history from above,

BBC 내부의 다른 의견이 무시되고 경영진의 시각으로 BBC를 재생산하는)'로 귀결되기 쉬운 어려움이 있다. 이는 나무만 보고 숲을 보지 못하는 것이다. 하지만 당시로서는 역사의 산물인 프로그램 자체를 고려하고, 이것이 사회에 미친 영향과 효과를 고려하는 것이 힘들었을 것이라고 동조하였다. 그럼에도 불구하고 브리그스는 과거를 현재의 서술방식과 설명방식으로 읽는 것을 피하고, 가능한 한 증거로 입증하고자 노력하였다. 그는 역사기술이 정확하고, 각주를 통하여 가급적 원전으로 부터 정확하게 뒷받침되기를 원하였는데, 이는 당시로서는 역사가들 사이에서 잘 사용되지 않는 방식이었다. 이를 통해서 과거의 잃어버린 표현기법과 분위기를 전달할 수 있다는 것이다. 뿐만 아니라 독자들로 하여금 필자와는 다른 결론을 내릴 수 있게 한다. 브리그스는 특히 BBC의 가장 중요한 인물인 리스와의 인터뷰에서 많은 어려움을 겪었다. 1950년대까지 리스는 BBC와 세상에 대해 분노하고 슬픔에 빠져 있었다. 그는 BBC가 자신을 제대로 평가하지 않는다고 했다. 그는 특히 사장이 되기를 원하지 않았던 제이콥과 매우 불편하였다. 하지만 리스의 이야기는 BBC의 설립에서 빠질 수 없었다. 브리그스는 그에게 외교적으로 접근하였다. 다행히 리스의 아들이 옥스포드 대학에 있었는데, 브리그스가 그의 선생이었다. 브리그스는 리스와 점심을 하면서 마음을 바꾸어 협조를 얻었다. 리스는 그에게 우편엽서, 편지 등을 주었다. 리스의 기억으로 메모를 주면 브리그스가 시간과 장소 등을 채워넣어 초창기 1, 2권을 완성하였다. 하지만 그들의 친밀성이 위기에 닥쳤다. 1962년 리스가 브리그스에게 전화하여 일기를 모두 불태

우겠다고 하였다. 브리그스는 오랫동안 겨우겨우 그를 설득하였다. 리스 여사는 리스가 집으로 오면 2층에서 일기를 써는 바람에 부부 간에 대화할 시간이 없었다고 한다(Seaton, 2015).

브리그스의 자유주의 방송역사관 평가

브리그스의 BBC 역사서는 대체로 자유주의 역사론과 방법론에 입각하여 서술되었다. 브리그스는 '칙허장과 면허협정서, 경영위원회 그리고 불편부당성 이념을 통하여 BBC가 정치권력으로부터 자율적으로 운영되었다'고 하였다. 또한 BBC는 1, 2차 대전과 노동총파업, 수에즈와 이라크 전쟁 등의 국가적 위기를 넘기는 통합의 상징매체였다고 옹호하였다(Briggs, 1980). BBC의 역사는 정부로부터 자율성과 독립성을 증대시키는 과정이었다는 것이다. 신생매체인 BBC는 정부와 신문의 견제를 받았으나, 1928년에 논란의 여지가 있는 사안에 관한 라디오 토론 금지 조치가 해제되었고, 1930년대에 자체 뉴스제작취재 단위가 발전하였으며, 2차 대전을 거치면서 BBC의 명성과 자율성이 신장되었다고 한다. 1956년에는 의회에서 논의하는 사안들을 방송이 2주간 보도 제한하는 '14일 규칙'이 폐지되면서 자율성이 증대되었다고 한다. 특히, 1955년 상업텔레비전이 출범하면서 BBC가 정부로부터 실질적인 자유를 획득하였다는 것이다. 1956년 수에즈 전쟁에 반대하는 노동당 당수의 방송내용을 송출하지 말라는 정부의 명령을 어기고 BBC가 방송을 감행한 것에서 독립성이 강하게 예증되었다는 것이다.

브리그스는 미디어가 자유로워지면서 국민들의 권력이 강화되었다고 하였다. BBC가 뉴스와 시사프로그램을 주요시청 시간대에 편성하고 대중적이고 정보적 성격이 뚜렷한 저널리즘 양식을 개발하여 양극화된 국민 분할을 의식적으로 상쇄하였다고 한다. 2차 대전 기간에는 오락물에 초점을 맞춘 부대프로그램(the Forces Programme)을 도입하고, 노동계급 수용자를 대상으로 하는 〈노동자의 여가시간〉이나 일하면서 듣는 음악과 같은 프로그램, 전복적 코미디, 미국프로그램 등을 통해 대중에게 다가갔다는 것이다. 상업 방송이 등장한 이후에 BBC는 대중채널로 변모하여 엘리트와 대중의 지식격차를 줄였다는 것을 강조하였다(Briggs, 1985; Scannell, 1989; Negrine, 1989).

브리그스의 자유주의 BBC 역사론과 방법론은 역사적 기여에도 불구하고, 다소간 문제가 있었던 것이 사실이다. 첫째, 정치적 독립의 상징인 칙허장과 면허협정서는 의회의 정치 간섭은 배제하였지만, 정부의 간접적인 통제를 막지는 못하였다. 경영위원도 명분상으로는 '공익을 위한 신탁자' 역할이지만, 실질적으로는 정부가 친정부적 인물들을 선임하여 BBC를 통제하기 위한 수단이었다. 재정독립의 상징인 수신료제도도 상업주의를 막았지만, 정부의 재정을 통한 통제는 막지 못하였다. 또한 공영방송 가운데 유례를 찾아보기 힘들 정도로 지역의 자율성을 말살하고 중앙독점을 강요하였다(정용준, 2018). 둘째, 특정정당이나 사회집단에 휩쓸리지 않는다는 원칙을 천명한 불편부당성 규범은 특정 역사적 맥락에서는 정부를 일방적으로 옹호하고, 야당과 노동조합에 비판적인 편파성을 보이기도 하였다. 대표적인 것이 1926년 노동총파업과 1956년 수에즈 전쟁보도이다(Briggs, 1961/1995). 브리그스는 리스와 BBC가 노동총파업에서 중립적이었다고 평가하였다. 하지만 리스는 볼드윈 수상의 파업비판 메시지를 직접 수정하고, 비밀리에 반노조 입장의 편지를 수상에게 보냈다. BBC에서 정부 입장만 방송하고, 노동계 지도자와 중립적인 캔터베리 대주교의 메시지도 방송하는 것을 거절했다(정용준, 2013). 수에즈 전쟁 또한 BBC가 국가권력의 그늘에서 벗어나 독립적임을 보여준 대표적인 이정표로 소개되었다. BBC는 정부와 갈등을 겪으면서 야당의 의견을 반영하였고, 의회토론을 금지하는 14일 규칙을 극복하였다는 것이다. 하지만 역사학자 토니 쇼(Tony Shaw)는 광범한 증거에 입각하여 수에즈 전쟁에 대한 자유주의적 해석에 의문을 제시하였다. 수에즈 전쟁에서 BBC가 일부 저항한 것이 사실이지만, 대부분의 보도는 친정부적이었다는 것이다. 특히, 수에즈 전쟁 초기에 BBC 뉴스는 철저하게 정부 발표에 의존하였다. 하지만 친정부적 보도가 BBC의 명성에 흠이 될 수 있다고 판단하고 덜 당파적인 보도로 바꾸었다(Mills, 2016 재인용). 이처럼 BBC의 불편부당성 이념은 외형적으로는 불편부당성을 표방하지만, 실질적으로는 정부와 기성권력을 일방적으로 대변하는 편파성을 지녔다고 할 수 있다.

셋째, BBC가 국민권력을 강화하기 보다는, 정부와 엘리트의 입장에서 국민들을 훈시하였다. 브리그스(Briggs, 1985)와 스캐널(Scannell, 1989)은 'BBC의 혼합편성과 지리적 보편성 원칙으로 인해 대중들이 공연이나 축구 같은 것을 안방에서 즐기는 공적 생활의 평등화'가 가능해졌다고 하였다. 하지만, BBC가 대중의 권력을 강화하기 보다는 기성체제 위주의 편향을 보였다는 증거(The Glasgow media Group, 1976; Hall, 1978/1982; Jones, 2016; Mills, 2016)는 매우 많다. 고전적인 글래스고 대학 미디어그룹(The Glasgow Media Group, 1976)의 〈Bad News〉 연구 시리즈는 일반 국민들과 전문가들이 신뢰하는 'BBC뉴스가 가치중립적 산물이 아니라, 친정부적인 권력의 입장을 반영 한다'고 하여 충격을 주었다. 또한 홀(Hall)은 '선호 해독(preferred reading)'[35] 개념을 통하여 '방송이 계몽의 도구가 될 수 있다는 생각은 환상'이라고 한다. 자율적이고 불편부당하다는 보도 규범은 실제로는 정부와 자본의 기성권력을 대변하고 시민사회와 노동자를 배제하는 것을 은폐하는 이데올로기 역할을 하였다는 것이다. BBC의 주요 간부뿐만 아니라 PD와 노조들도 대부분 옥스브리지와 백인남성으로 일반 국민들을 잘 알지 못하였다고 BBC 노조조차 고백할 정도이다(Seaton, J. & Pimlott, B., 1987). 특히, BBC의 주요 간부들은 내각의 주요 견해를 충실하게 보도하며, 내각과 개인적 친화성을 유지하고 있다. 이들은 기업과 자유주의, 자유 시장이 공익이라는 보도를 주로 하고 있다. 결국 이들의 연구는 BBC가 점진적으로 정부로부터 독립하여 국민들의 권력을 강화하기 보다는 계급, 성과 인종 같은 기존의 지배적인 경제와 정치제도와 과정을

35　하나의 텍스트는 잠재적으로 여러 개의 방식으로 해독될 수 있으나, 보통은 그 가운데 하나의 해독이 선호된다. 즉, 코드 작성자(encoder)의 가정에 따라 텍스트를 충실히 그리고 직선적으로 받아들이는 것이다(박명진, 1989).

재생산하는 기능을 수행하였다고 한다.

넷째, 객관주의 역사방법론은 '위로부터 쓰여진 역사'에 의존하고, 수용자들의 '쓰여 지지 않은 구술사'는 무시되었다. 브리그스의 증거에 입각한 역사서술과 아카이브 및 내재적 인터뷰 방법은 역사학자의 방송역사 서술로 언론학자로서 배울 점이 많다. 브리그스의 작업을 2대 BBC 공식역사가인 시튼의 BBC 역사서와 비교하면 분명해진다. 방송역사학자인 진 시튼(Sean Seation) 교수가 브리그스의 뒤를 잇는 BBC 공식역사가가 되었다. 그녀는 1974년에서 1987년까지를 다룬 영국방송사 6권을 출간하였다. 이 책은 주로 대처시절의 BBC 역사를 다루었다(Seaton, 2015a). 시튼의 책이 출간되자, 외부의 평가는 이례적일만큼 부정적이었다. 엘스타인(Elstein, 2015), 바로클로우(Barrowclough, 2015), 윈스턴 (Winston, 2015) 등이 '신뢰할 수 없는 증거(unreliable evidence)', '방송역사에 대한 협소한 비전(tunnel vision of broadcasting history)', '위험에 처한 역사성(perils of historiography)' 등의 부정적 평가를 하였다. 시튼은 브리그스가 BBC의 자금과 아카이브에 전적으로 의존한 반면, 자신은 BBC로부터의 독립성을 위해 외부의 학술연구기금과 독립적인 연구자들로 팀을 구성하였기 때문에 많은 시간이 소요되었다고 한다.[36] 시튼은 비평가들이 BBC를 적대시하고 상업방송을 선호하였기 때문이라고 반박하지만, 수많은 오탈자와 부정확한 증거는 변명하기 힘들다. 이는 브리그스의 방송역사 연구가 주관적 평가의 배제, 철저한 고증과 객관적 사실의 확인 등을 엄격하게 하였다는 것을 말해주기도 한다. 브리그스는 정확하고 가능한 증거에 입각하여 뒷받침이 되어야 한다는 것이다. 또한 브리그스는 그는 역사를 도덕화하거나, 향수를 느끼는 사후적인 판단을 절제하였다. 당시에 역사를 서술하는 유행하는 방법은 아니었지만, 원래 출처를 인용하기를 원하였다. 이를 통해 잃어버린 표현과 감정을 서술하고, 다른 학자들이 다른 결론을 내릴 수 있다는 것을 생각하였다. 브리그스는 역사를 선택적이고 극단적으로 증거를 사용하는 방법을 인정하지 않는다 (Briggs, 1980; Nicholas, 2015).

브리그스 본인은 BBC로부터 자금과 연구팀의 도움을 받고 있었지만, 경영위원회가 그에게 독자성을 보장하였다고 한다. 실제 그는 '40년 동안 원고를 집필하면서 BBC 측이 한 문장도 고치기를 강요한 적이 없다'고 하여 BBC가 연구의 자율성을 존중한 것으로 판단된다(Briggs, 1980). 이러한 장점에도 불구하고 브리그스의 역사 서술 방법론은 방송과 공중의 관계에 대한 구술사가 배제되었고, 공중들의 프로그램에 대한 반응, 지역방송에 대한 면밀한 관찰이 이루어지지 않았다는 한계가 있다(Briggs, 1980). 증거에 입각하여 과거를 있는 그대로 객관적으로 서술을 한 브리그스의 연구가 많은

---

36 브리그스가 2000페이지의 5권을 발간하는 데에 11년 정도가 소요되었는데, 시튼은 비슷한 기간에 326페이지를 발간하였다. 시튼의 책에 나오는 수많은 이름과 사건 그리고 프로그램명 등에서 오탈자는 물론이고, 객관적인 사실 확인조차도 다른 경우가 많았다고 한다. 심지어는 비슷한 대처시절을 다룬 저널리스트인 마이클 리프만 (Michael Leapman)의 저서 〈The Last Days of the Beeb, 340페이지, 1987〉가 훨씬 정확하고 가치가 높다는 평가까지 하였다. 이에 대해서는 https://www.opendemoc racy.net/ourbeeb/david-elstein/%27pinkoes-and-traitors%27-tunnel-vision-of-broadcasting-history 참조하라.

장점에도 불구하고, 기록을 남길 수 있는 기성체제의 역사로 귀결될 수밖에 없다는 한계가 있다(유시민, 2018).[37] 특히, 방송사의 사장과 경영위원회, 정부 관료 같은 기성체제 위주의 아카이브 조사와 인터뷰에 그쳐 '위로부터의 제도사'라는 한계를 극복하지 못한 것으로 판단된다.

---

37 유시민은 랑케의 실증주의 역사관에 대해 다음과 같이 비판하였다. 랑케의 실증주의 역사관은 과학 기술과 물질의 힘은 진보하지만, 인간 정신은 진보하지 않는다는 특유의 역사철학을 주장했다. 흔히들 과거를 평가하고 미래에 대비하도록 사람들을 일깨우는 것이 역사 서술의 과업이라고 하지만, 이 책은 그처럼 고매한 과업을 추구하지 않는다. 이 책은 단지 과거를 '있었던 그대로' 보이려 할 뿐이다. 역사가는 저마다 다른 기준으로 중요하고 의미 있는 사실을 선택하며 같은 사실로도 각자 다른 이야기를 만든다. 사실의 선택은 역사가의 주관적 판단 영역에 속하며, 역사가의 주관은 개인적 기질, 경험, 물질적 이해관계, 사회적 지위, 역사 서술의 목적을 비롯한 여러 요인들이 좌우한다. 역사는 '언어의 그물로 길어 올린 과거'이다. 문자 텍스트는 사람의 생각과 감정을 완전하게 표현할 수 있는 수단이 아니다. 과거를 있는 그대로 보여주겠다는 랑케의 야심, 그리고 그런 방식으로 쓴 역사를 과학적 역사라고 한 추종자들의 호언은 인간 정신과 문자 텍스트의 한계에 대한 인식 부족이 빚어낸 착각이었을 뿐이다. 랑케의 역사 이론은 역사가에게 명분 있는 도피처를 마련해주었다. 랑케의 역사는 인간이 없는, 열정과 미학을 느낄 수 없는, 지나간 시대에 사실의 시신을 건져 올린 글이 되고 말았다. 니체가 아프게 지적한 것처럼 랑케는 역사의 사실에서 인간의 이야기를 끌어내지 못하였다.

7장 급진주의 방송연구의 개척자,
레이먼드 윌리엄스

삶과 지적 배경

레이몬드 윌리엄스(Raymond Williams, 1921-1988)는 북 웨일스의 국
경지역인 팬디(Pandy)에서 철도 신호원인 아버지와 농장관리인의
딸인 어머니 사이에서 태어났다. 아버지 헨리(Henry Joseph Williams)
는 1926년 총파업에 참여하고, 노동당 지부 비서직을 맡는 등 현실
참여에 적극적이었다. 그는 10대에 스페인 내전과 나치즘을 겪었
고, 지역 좌파 북클럽에 가입하여 국제연맹 유소년회의에 참여하
기도 하였다. 헨리8세 그래머스쿨(King Henry VIII Grammar School)을
졸업하고 1939년에 캠브리지 대학에 들어가 영문학을 전공하였다.
1946년 대학을 졸업하고 1960년까지 옥스퍼드 대학 부설 이스트
서섹스 평생교육원에서 노동자 성인들을 대상으로 야간 강의를 하

였다.

윌리엄스는 초등학교부터 웨일스어를 사용하면 처벌받고 도로 표지판에 페인트를 덧칠하고 TV송신탑을 부러뜨렸으며, 영어 사용자들이 사용하는 주말 별장에 불을 지르는 저항적인 환경에서 성장하였다. 1940년대 말부터는 〈정치와 문학 Politics and Letters〉 잡지 발간에 관여하였다. 1960년대에 윌리엄스는 영국 신좌파[38]의 주요 멤버였다. 그는 1961년에 캠브리지 대학에서 강사로 시작하여 1974년에 영문학(드라마 전공) 교수가 되었다. 1972년 말에는 스텐포드 대학 정치학과 객원교수로 초빙되어 미국 방송 체제를 관찰하고 프로그램을 볼 기회를 갖게 되었다(Williams, 1974, 10-14). BBC 비평과 미국생활을 토대로 1974년에 〈Television〉을 출간하였

---

38 영국 신좌파라고 불리는 세력은 페리 앤더슨(Perry Anderson) 등이 주도하는 〈신좌파 평론〉 잡지를 배경으로 결집된 급진적 좌파 지식인들을 일컫는다. 영국 내부에서 신좌파는 두 집단으로 구별된다. 1956부터 1963년까지 신좌파의 첫 흐름을 주도했던 세대를 '1세대 신좌파'라 하고, 페리 앤더슨과 로빈 블랙번(Robin Blackburn) 등이 〈신좌파 평론〉의 편집부를 장악한 이후의 신좌파를 2세대 신좌파라 한다. 영국 1세대 신좌파는 〈뉴 리즈너〉와 〈대학 좌파 평론〉에 결합되어 있던 급진적 지식인 세대를 일컫는다. 1959년 10월 두 잡지는 통합되고 스튜어트 홀(Stuart Hall)이 편집장이 되어 1960년부터 격월간지 〈신좌파 평론〉을 새롭게 출판했다. 하지만 이질적인 두 집단의 결합과 잡지의 방향을 둘러싼 내부 갈등, 재정적인 문제로 인해 〈신좌파 평론〉은 위기에 빠지게 되었다. 1963년 이 잡지의 재정을 책임지면서 편집장이 되었던 인물은 이후 2세대 신좌파를 이끌게 된 페리 앤더슨이었다. 1세대 신좌파에는 에드워드 톰슨, 랄프 밀리반드(Ralph Miliband), 존 새빌, 레이먼드 윌리엄스(Raymond Williams), 스튜어트 홀, 라파엘 새뮤얼(Raphael Samuel)같은 탁월한 좌파 지식인들이 속한다. 스튜어트 홀을 포함하여 레이먼드 윌리엄스와 리처드 호가트는 모두 문학 전공자였으며 톰슨 또한 문학 전공에 뜻을 두었다가 나중에 역사가로 전환했다(원동필, 2017).

다. 1983년에 캠브리지 대학에서 퇴직하면서 연구와 작품 활동에 전념하였다. 1988년에 향년 66세의 젊은 나이에 사망하였다. 윌리엄스의 사후에 〈레이몬드 윌리엄스 협회, 1989〉와 〈레이몬드 윌리엄스 재단〉이 결성되어 그와 관련된 세미나와 프로젝트 등을 개최하였다.

윌리엄스는 1935년 총선거와 1939년 보궐선거에서 노동당 후보를 위해 운동하였다. 1939년에 캠브리지 대학에 들어가 영문학을 전공하면서 대학의 사회주의자 클럽에서 활동하였고, 에릭 홉스봄(Eric Hobsbaum)과 함께 영국공산당에 가입했다. 2차 대전이 일어나 학업을 중단하고 군대에 입대하여 4년 반 동안 포병부대에서 군 복무를 하였다. 1942년 군복무중 결혼하여 2남 1녀를 두었다. 1944년 노르망디 상륙작전에 참가하였다. 전쟁 후 캠브리지 대학에 돌아온 1945년에 공산당과 결별하였다.

1957년에 대학의 좌파독서클럽(Left Review Club)에서 활동하고 1959년 총선에서 노동당 선거유세를 하였으며 〈New Left Review〉, 〈New Statesman〉과 〈Tribune〉에 기고하였다. 1960년대에 집권한 노동당 정부를 지지하였으나, 1966년 7월에 노동당을 탈퇴하였다. 하지만 현실 운동에는 계속 참여하여 1967년 메이데이 선언(May Day Manifesto)에 참여하였다. 그는 평생에 걸쳐 노동운동에 헌신적이었다. 1969년에 방송개혁을 요구하는 저널리스트들과 방송제작인들의 모임인 자유 커뮤니케이션 그룹(Free Communication Group)을 지지하였다. 1970년대 초반에 노동당의 커뮤니케이션 정책그룹에 초청받았지만, 실제 참석하지는 않았다. 1973년에 다른 개혁그룹인 방송개혁위원회(Standing Committee on Broadcasting, 일명 대안적 애넌 위원회)에 참여하였고, 1979년에는 언론자유캠페인(Campaign for Press Freedom)의 설립 후원자로 지원하였다(O'Mally, 2013). 노동당의 예술부 장관인 젠킨스(Hugh Jenkins)가 윌리엄스를 예술평의회(1976-78) 위원으로 임명하였다. 예술 평의회는 윌리엄스가 유일하게 참여한 국가 공공 공공기관이었다. BBC와 공적 예술단체들이 일상적 운영과 대의제에서 비판을 받기는 하였지만, 급진주의자들도 제도의 유용성을 인정하였다. 공적 기관들은 다양한 문화 분야에서 국가 개입을 통해 일어날 수 있는 잠재적인 문제점을 해결하는 방안이었다. 윌리엄스는 '예술평의회가 국가와 시민사회를 매개하고 국가의 직접적인 개입과 상업후원제도의 함정을 피하는 제도였다'고 평가하였다(McGuigan, 1996, 58).

윌리엄스는 웨일스 특유의 문화적 저항감[39]을 가지고 노동당 활동에 열성적인 아버지의 영향을 받아 평생 사회주의자로서의 신념을 견지하였다. 윌리엄스 역시 노년에 고향에서 지낼 정도로 지역 공동체에 대한 애정이 강했지만, 그에게 공동체는 '황금시대'에 존

---

[39] 웨일스의 역사는 윌리엄스를 이해하는 데에 매우 중요하다. 윌리엄스는 자신을 웨일스 사람으로 간주했고 지적으로나 정치적으로 그렇게 행동했다. 웨일스는 2011년 300만명으로 전라도와 비슷한 면적이다. 웨일스는 일찍부터 북해에서 온 켈트인들이 정착하였고, 잉글랜드의 앵글로색슨인에 대한 항쟁을 계속했다. 13세기 후반 르웰린이 웨일스의 절반 이상을 지배해 '프린스 오브 웨일스'라 불렸으나 1282년 에드워드 1세에게 패배하여 웨일스 왕국은 사라졌다. 에드워드 1세는 장남을 '프린스 오브 웨일스'에 봉하고 본토를 영지로 삼았다. 영국 왕의 장남에게 주어지는 '프린스 오브 웨일스'라는 칭호는 그때 부터의 관행에서 연유한다(강준만, 2017).

재하다 사멸해버린 과거지사도 아니고, 이상적인 미래에 형성될 유토피아도 아니었다. 그는 지역공동체의 활성화를 위해 '억압적 제도의 변경이나 주변에서 살아가는 자들'사이의 연대가 필요하다고 하였다. 대학에서도 윌리엄스는 웨일스 출신의 지식인으로 대도시 출신들과의 이질성을 느꼈다. 윌리엄스는 자신들이 경험했던 이질감과 간극의 의미를 성찰하면서 '대도시 출신(metropolitan)' 연구자들이 내세우는 학문연구와 문학 전통의 '보편성'이라는 것이 사실은 대단히 파편적인 것일 뿐이라는 인식을 심화시켜 나갔다. 또한 윌리엄스는 군대생활에 대해 부정적이었다. 그는 노르망디 상륙작전을 비롯하여 2차 대전에 참전하면서 미국의 반공적 히스테리와 스탈린주의의 경직성 모두에 대해 비판적이었다. 그는 1950년 한국전쟁에서 징집요구를 받았지만, 양심적 병역거부자로 참전요구를 거부하기도 하였다.

성인교육운동은 윌리엄스의 학문적, 사상적 입장에 많은 영향을 미쳤다. 그는 1946년부터 옥스퍼드 대학 연계 성인교육에 참여하여 활동하다가, 1960년대 초에 노동계급 교육으로서의 활동에 회의를 품으면서 그만 두었다. 성인교육은 일반 대중에게 대학 수준의 교육을 제공하여 그들의 처우 개선에 도움을 줄 것을 목표로 하는 '평생교육'으로 변질되었다. 특히, 성인교육프로그램이 기숙형 칼리지(college)로 전환되어 초급관리자들을 대상으로 한 과정으로 변모하면서 다른 성격을 띠게 되었다. 그는 노동자교육협회(WEA) 연계 성인교육활동에 대해 '인문교양에 기초한 개방적인 노동자교육이 가능하였지만, 대학에 의해 재정적으로나 학술적으로 통제되면서 순수한 노동계급교육을 하기는 어려웠다'고 평가 하였다(Wil-liams, 1979). 이에 윌리엄스는 16년 동안의 성인교육활동을 그만두고, 케임브리지 대학의 교수로 이직하였다.

윌리엄스는 기성체제와의 타협을 거부하고 외부와 고립된 채 개인적 저술 작업을 하는 '내부적 망명(internal exile)' 생활을 하였다(Williams, 1973). 그의 내부적 망명생활은 기성체제를 거부하였던 일생동안의 특징이다. 10대 때부터 사회주의 활동에 헌신하였지만, 공산주의의 이데올로기적 경직성에 실망하여 공산당을 탈퇴하였고, 노동당 활동에 열성적이었지만, 기득권 위주의 윌슨 노동당 정부가 그를 외면하자, 노동당을 탈퇴하기도 하였다. 또한 그의 사상의 기초를 형성할 정도로 열성적이었던 성인교육운동도 출세를 위한 엘리트 코스로 변질되면서 16년 동안의 활동을 그만두고 대학으로 자리를 옮겼다.

미디어의 사회문화사

1950년까지만 해도 역사학과 사회학에서 미디어를 진지한 학문의 대상으로 간주하지 않았다. 신문과 출판의 역사를 다루기는 하였지만, 역사와 사회연구의 보조수단으로 간주하였다. 1950년대 말부터 1960년대 초반까지 윌리엄스는 역사 및 문화연구에서 미디어의 역할을 강조하는 사회문화사라는 접근 방식을 채택하였다. 그는 노동자계급을 주된 대상으로 하는 성인교육을 통하여 소설, 신문, 라디오와 TV같은 대중매체의 중요성을 알고 있었다. 상업방송인 ITV가 1956년에 시작되었고, BBC2채널 신설을 결정한 필킹턴 보고서가 1962년에 발간되었다. 이 시기에 문화와 커뮤니케이션의 급격한 발전이 일어나 1960년대 영국사회의 변화를 주도하는 '커뮤니케이션 혁명' 또는 '장기간의 문화 혁명'이 전개되었다(Briggs, 1980).

그는 1960년대 초반에 미디어 연구서를 출간하였다. 레이몬드 윌리엄스는 신문에서 비롯된 커뮤니케이션 제도의 중요성을 강조한 〈Long Revolution, 1961〉과 〈Communications, 1962〉를 출간하였다.[40] 윌리엄스는 〈Communications〉에서 '우리는 커뮤니케이션을 부차적인 것으로 간주하는 어리석음을 범하였다. 사회는 정치적이고 경제적인 배열들의 네트워크 일뿐만 아니라 배움과 커뮤니케이션의 과정'이라고 하였다. 그는 커뮤니케이션과 커뮤니케이션스를 구분하였다. 커뮤니케이션은 '사상과 정보와 사람간 태도의 흐름'을 지칭하며, 커뮤니케이션스는 '사상, 정보와 태도가 전송되고 수신하는 제도와 형태들'이라고 규정하였다. 커뮤니케이션이 인간의 사회적 과정과 실천인 반면, 커뮤니케이션스는 체제, 제도와 형식이다. 커뮤니케이션스는 권위주의, 가부장주의, 상업주의 체제와 민주주의 체제를 의미한다. 권위주의, 가부장주의, 상업주의 체제는 도구적 이성의 정치적, 문화적, 상업적 표현이다. 대조적

---

40 노르웨이의 미디어 역사학자인 달(Dahl, 1994)은 1960년대 초반에 윌리엄스와 브리그스의 연구로 인해 과정과 효과를 주로 다룬 커뮤니케이션에서 미디어 제도와 텍스트를 다루는 미디어 연구로 이전하였다고 한다.

으로 민주적 체제는 협동적 이성에 근거한다. 민주적 미디어체제는 자유롭게 말할 수 있는 자유와 무엇을 받아들여야 할지에 대해 자유롭게 선택할 수 있는 체제이다. 이런 커뮤니케이션 체제는 '참여와 공통적 토론의 수단'이다. 윌리엄스는 공공서비스 미디어와 문화적 협동체와 지역미디어가 결합하는 '문화적 민주주의'를 주장한다. 윌리엄스는 지역분권적인 자치그룹들에게 기본적인 커뮤니케이션 수단을 임대하여 관료적 통제를 막고 다양한 의견을 자유롭게 말할 수 있도록 보장해야 한다는 것이다. 공공서비스 사상은 공공 독점의 사상과 분리되어야 한다(Fuchs, 2017). 따라서 문화와 커뮤니케이션 혁명은 산업혁명과 민주주의를 위한 투쟁에 비견될 정도로 인간해방을 위한 위대한 과정의 부분'이라고 하였다. 결국 윌리엄스는 커뮤니케이션 수단을 통한 장구한 혁명을 통하여 참여민주주의를 확대 할 수 있다고 하였다.

미디어의 사회문화사는 리비스로 대표되는 엘리트주의 대중사회론과 사회와 미디어의 관계에 대한 기술결정론 비판을 통해 형성되었다. 이들은 미디어의 역사에 대한 분석 없이 정치사회문화사에 대한 이해가 불가능하다는 것이다. 즉 커뮤니케이션 역사 연구는 모든 역사연구의 기초라고 하였다. 브리그스는 매스 커뮤니케이션과 기술결정론에 비판적이었다. 하층 노동계급인 난중(mob)을 의미하는 대중은 개인을 비인간화시키고, 커뮤니케이션도 수송의 의미를 배제하였다고 한다. 윌리엄스는 대중문화의 조작성과 천박성을 제거한 '공통문화(common culture)'의 필요성을 제기했다. 커뮤니케이션의 창의성을 유지하기 위해 참여의 공통과정, 즉 공통문화가 필요하다는 것이었다. 윌리엄스가 '문화는 평범한 것이다'라고 강조한 것은 그런 맥락이었다. 모든 계급의 사람들이 참여할 수 있는 공통문화의 가능성에 대해 1960년대 초까지는 낙관적이었다. 따라서 윌리엄스는 대중문화(라디오와 TV)를 통하여 특권계층이 아닌 노동자들이 장기적으로 계몽되고 삶의 조건이 향상될 수 있다고 믿었다.

〈기나긴 혁명 The Long Revolution〉에서는 미디어가 사회의 구조변화에 대해 갖는 관계를 분석하였다. 이 책에서 윌리엄스는 '문화는 지적이고 상상적 작업일 뿐만 아니라, 삶의 총체적인 양식(a whole way of life)'이라는 유명한 말을 하였다. 커뮤니케이션이 예술의 핵심(crux of art)이라는 것이다. 그는 특히, 커뮤니케이션 매체가 보다 나은 세계를 창출하는 데 기여할 수 있는 가능성에 관심을 가졌다. 윌리엄스는 매스 커뮤니케이션을 거부하고 커뮤니케이션(communications)을 사용하였다. 그가 대중문화를 거부한 것은 역사적으로 지배계급이 공공미팅이나 데모를 '매스'라고 부르고 '난중(mob)'으로 표현하였기 때문이다. 대중이 현대자본주의에서 산업노동자들을 비인간화시키는 개념이라는 것이다. 대중은 필연적으로 생산물을 생산하는 중앙적이고 엘리트적인 생산자를 전제로 하고, 매스 미디어 제도는 노동자보다는 이윤을 위한 것이다. 따라서 매스 커뮤니케이션은 미디어의 실제 역사를 망각하게 만든다는 것이다 (Sparks, 1993, 69-75). 이처럼 윌리엄스는 미디어를 원인으로 파악하고 사회화(폭력, 투표 행위 등)의 결과에 주목하는 기술결정론에 반대하고 미디어와 사회의 관계를 총체적으로 파악하는 사회문화사를 주장하였다.

미디어 개혁론

윌리엄스는 커뮤니케이션 정책을 예술, 교육, 광고, 영화와 신문 및 방송을 지칭하는 것으로, 신문과 방송은 미디어 정책으로 표현하였다. 커뮤니케이션을 민주적인 사회로 가기 위한 중심적 도구로 간주하였다. 1948년에 노동당 정부가 지방세를 통하여 예술을 지원하고 영화산업을 장려하는 것을 찬양하였다. 이런 정책은 마르크스주의 보다는 리비스적인 것이다. 그의 관심은 신문과 방송 외에도 영화와 연극 그리고 예술 전반에 걸쳐 있었다. 그는 말하고 쓰는 창조적인 표현과 예술을 통하여 아이들에게 커뮤니케이션하는 법을 가르치는 교육을 강조하였다. 이는 신문, 영화와 방송 같은 커뮤니케이션 조직의 역사를 가르침으로써 그들이 생산한 것을 비판적으로 평가하도록 하였다. 교육자원을 제공하기 위한 커뮤니케이션 센터와 대학의 커뮤니케이션 연구소를 주장하였다. 그는 표현과 창조성의 자유를 위해 국가의 개입을 원하였다. 그는 광고가 상품소비에만 이용되지 않도록 하는 소비자 협회와 질 관리위원회의 작업을 옹호하였다. 광고에 대해 국가보다는 자발적이고 법적인 개혁을 선호하였다. 신문개혁에 대해서는 자발적인 개혁을 선호하였지만, 1953년에 신문소유주들이 결성한 신문평의회는 왕립 신문개혁위가 추천한 방식은 아니었다고 하였다. 신문과 방송개혁에 대한 〈국민과 미디어 The People and the Media〉의 방안을 지

지하였다. 신문인쇄비용의 통제, 광고에 대한 징수금, 군소신문보
조금과 전국인쇄공사〈National Printing Corporation〉방안을 담고
있었다. 비록 이 개혁방안들이 그의 견해에 비해 온순한 개혁방안
이었지만, 이를 지지하였다. 그는 미디어 생산물의 소유구조는 국
가에 의한 신탁으로 이루어져야 하고, 저널리스트들에게 임대되어
야 한다고 하였다(O'Mally, 2013).

또한 1960년대에 방송, 특히 BBC는 진보의 꿈을 실현하는 곳이
었다. 윌리엄스를 비롯한 많은 진보적 인사들이 직간접적으로 방
송개혁에 매진하였다(Darlow, 2004). 특히 윌리엄스는 문화와 미디
어 개혁운동에 헌신적이었다. 1969년에 방송개혁을 요구하는 저널
리스트들과 방송제작인들의 모임인 자유 커뮤니케이션 그룹(Free
Communication Group)[41]을 지지하였다. 1970년대 초반에 노동당의
커뮤니케이션 정책그룹[42]에 초청받았지만, 실제 참석하지는 않았
다. 1973년에 다른 개혁그룹인 방송개혁위원회(Standing Committee
on Broadcasting)[43]에 참여하였다. 노동당의 예술부 장관인 휴즈 젠
킨스(Hugh Jenkins)가 예술평의회위원(1976-78)으로 임명하였고,

---

[41] 1960년대 사회의 전반적인 개혁분위기에 호응하여 방송현업과 시민단체 그리고 정
     치인과 학계가 미디어 개혁을 요구하였다. 대표적인 미디어 개혁 단체는 1968년
     에 결성된 자유 커뮤니케이션 그룹(Free Communication Group, 1968)이다. 자유
     커뮤니케이션 그룹에는 폴리테크닉 대학 미디어학부장 니콜라스 간햄(Nicholas
     Garnham), 스튜어트 후드(Stuart Hood) 그리고 TV프로듀서인 마이클 다로우(Mi-
     chael Darlow)와 로저 그래프(Roger Graef)와 노동당 의원이자 애넌 위원회 출범 당
     시인 1974년에 방송담당부서인 내무부장관이 되는 휴즈 젠킨스(Hugh Jenkins) 등이
     참여하였다(Freedman, 2003, 76-77).

1979년에는 신문자유캠페인(Campaign for Press Freedom)의 설립 후원자였다(O'Mally, 2013).

윌리엄스는 많은 저작을 남겼지만, 미디어 연구자의 입장에서 반드시 읽어야 할 필독서가 1962년의 〈커뮤니케이션스 Communications〉이다. 그는 당시 영국 엘리트들이 경멸하였던 대중문화와 미디어의 해방적 가능성을 모색하였다. 이 책에서 권위주의, 공산주의, 자유주의, 사회적 책임주의라는 언론의 4이론이 지배적 가치체계를 만든 설립자의 의도를 강조한 냉전체제의 산물이라고 비판하였다. 윌리엄스는 신문/방송과 같은 문화 형태는 구체적인 역사적 생산과 관련해서 이해되어야 하며, 시청자와 미디어 노동자 중

42 1970년대에도 노동당과 시민단체 그리고 학계를 중심으로 방송개혁을 지속적으로 요구하였다. 1972년 노동당은 정책위원회(The Home Policy Committee)를 결성하여 2년간 토론을 거쳐 〈국민과 미디어 The People and the Media, TPATM〉 보고서를 발표하였다. 노동당 좌파의 정신적 지주인 토니 벤(Tony Benn) 의원이 위원장을 맡았다. BBC 프로듀서 출신인 화이트헤드(Whitehead) 의원, 니콜라스 간햄(Nicholas Garnham)과 제임스 커런(James Curran) 교수 그리고 앨런 새퍼(Alan Sapper) 연예산업노조연합 위원장이 참여하였다. 홀(Stuart Hall)과 윌리엄스(Raymond Williams)도 이름을 올렸지만, 직접적인 참여는 하지 않았다.

43 미디어 학자들은 1973년에 방송개혁상설위원회(SCoB: Standing Committee on Broadcasting), 일명 대안적 애넌 위원회(alternative Annan Committee)를 결성하여 영향력을 행사하였다. 방송개혁컨퍼런스는 노동당의 정책전문가 그룹인 니콜라스 간햄, 안소니 스미스와 제임스 커런은 물론이고 스튜어트 홀(Stuart Hall), 제이 블룸러(Jay Blumler), 톰 번즈(Tom Burns), 제임스 핼로란(James Halloran), 힐다 힘멜화이트(Hilda Himmelweit), 스튜어드 후드(Stuart Hood), 데니스 맥퀘일(Denis McQuail), 시무어-우어(Colin Seymour-Ure)와 레이몬드 윌리엄스(Raymond Williams) 등 학자 27명, 노조간부 6명, 방송사 프로듀서 10명으로 구성되었다. 위원 중 화이트헤드와 힘멜와이트는 애넌 위원회 위원으로 선임되었다.

심의 역사관을 강조하였다. 미디어의 역사성을 중심으로 권위주의, 가부장주의, 상업주의, 민주적 미디어 체제로 구분하였다. 권위주의(authoritarian) 미디어 체제는 소수가 지배하는 사회를 위해 미디어가 존재하는 것이다. 커뮤니케이션은 소수 권력에 근거를 둔 사회적 질서를 보호하고 유지, 발전하는 것이다. 과거 영국이나 전체주의 국가에서 볼 수 있다. 가부장주의(paternal)는 도덕을 지닌 권위주의 체제이다. 소수에 의해 바람직하다고 판단되는 방식으로 다수의 발전을 지향하는 미디어 체제이다. 가부장주의의 통제자들은 자신들을 보호자로 규정한다. 상업주의(commercial) 체제는 초기단계에 미디어 자유를 보장하기도 하지만 결국은 대규모 자본을 가진 소수그룹들이 미디어를 통제한다. 윌리엄스는 대안으로 민주적 미디어 체제를 제안하였다.

민주적(democratic) 미디어 체계는 쌍방향성과 생산자 중심의 미디어 모델이다. 그는 자유를 보장하는 데에 필요한 제도는 공공서비스이어야 하지만, 공공서비스 사상이 가부장주의나 권위주의체제에 이용되어서는 안 된다고 하였다. 공공서비스 사상(the idea of public service)이 공공독점사상(the idea of public monopoly)과 분리되어야 한다고 주장하여 BBC 독점체제를 비판하였다. 윌리엄스 전문학자인 맥기건(Jim McGuigan, 1996, 19-29)은 윌리엄스의 민주적 미디어 체제와 하버마스의 숙의적 공론장(deliberate public sphere)이 유사성이 있다고 하였다. 윌리엄스는 〈Communications〉를 통하여, 하버마스는 〈공론장의 구조변동〉을 통하여 미디어에 대한 공적 책무성과 통제가 필요하며, 이를 통해 국가권력과 시장권력에 대한 견제가 가능하다는 것이다. 맥기건은 이들의 논의가 1980년대 간햄의 공공서비스 방송논쟁으로 이어졌다고 하였다.

윌리엄스는 영국에서 4가지 미디어 체제가 혼재되어 있다고 하였다. 권위주의는 검열에서, 민주적 실험은 지역차원에서 이루어지고 있다는 것이다. 지난 세대의 주된 투쟁은 가부장주의와 상업주의이며, 상업주의가 지속적으로 승리하였다고 평가하였다. 윌리엄스는 이론에 매몰되지 않고 역사적 실제와 교차하여 분석하면서 전체 체제를 폭넓게 보고 상세하게 비교해야 한다는 것을 강조하였다(Williams, 1962/1976). 또한 〈커뮤니케이션스〉에서는 필킹턴 보고서를 평가하고 개혁방안을 제시하였다. 상업방송인 ITV가 직접 광고계약을 하는 것보다는 공공 기구인 ITA를 통하여 광고와 프로그램의 관계를 분리시키는 개혁조치를 높이 평가하였다. 또한 세번째 TV채널이 BBC에 할당되었는데, 네 번째 채널을 지역독립적인 공영 방송에 할당하여 BBC의 중앙집권적 구조와 ITV의 왜곡된 상업 구조를 개혁하는 것이 필요하다고 하였다. 2-3개의 독립적, 분산적 공영방송이 현재의 BBC 중앙주의와 ITV의 상업주의를 막을 수 있다는 것이다. BBC가 훌륭한 공공서비스 방송이지만, 대규모 조직이어서 제작자들이 행정조직에 종속되는 경향을 비판하였다. 지역분권적 공영방송 조직을 통해 제작자들에게 권력을 주는 방안을 제안하였다(O'Connor, 1989).

윌리엄스는 1961년에 캠브리지 대학에서 강사로 시작하여 1974년에 영문학(드라마 전공) 교수가 되었다. 대중문화에 대해 수용적인 자세를 보인 윌리엄스에게 새로운 텔레비전 기술도 '교양 있는 참여민주주의를 향한 장구한 혁명의 도구'였다. 따라서 방송에 자주 출연한 것은 당연한 일이었다. 1960년대 말에 간햄은 BBC 〈한 쌍의 눈, One Pair of Eyes〉이라는 다큐 시리즈에서 윌리엄스를 다루기도 하였다. 이 인연으로 간햄(Garnham, 1988)은 1988년 윌리엄스에 대한 추모 논문을 쓰기도 하였다. 1968년부터 BBC가 발행하는 잡지인 〈청취자, Listener〉에 텔레비전 비평을 매월 기고했다. 이 기고는 텔레비전 전반에 대해 자유롭게 비평하는 형식으로 스탠퍼드 대학으로 떠날 때까지 계속 되었다.

1972년 말에는 스탠퍼드 대학 정치학과 객원교수로 초빙되어 미국 방송 체제를 관찰하고 프로그램을 볼 기회를 갖게 되었다(Williams, 1974, 10-14). BBC 비평과 미국생활을 토대로 1974년에 〈Television〉을 출간하였다. 이 책에서 마샬 맥루한(Marshall McLuhan, 1962, 1964)의 기술결정론을 반대하였다. 기술결정론은 사회적, 정치적, 경제적 의도를 발명의 임의적 자율성이나 관념적인 인간의 본질로 대체한다. 맥루한은 지구촌이나 재부족화 등 여러 가지 사회모델이 사회적 관계와 제도적 실제의 권력적 역학관계보다는, 매체에 내재된 형식적 성질의 표출이라고 하였다. 매체를 사회과정보다는 정신적인 과정의 표출로 파악한 맥루한의 비역사적이며 형식주의적 개념에 대해 비판하였다. 윌리엄스는 매체의 효과가 그것을 조정하거나 사용하는 자에 관계없이 동일하다면, 우리는 더 이상 정치적, 문화적 논쟁을 말할 필요가 없으며, 테크놀로지 자체의 논리대로 기능하도록 내버려 둘 수밖에 없다는 것이다. 그는 커뮤니케이션이 정치경제적 세력에 의해 단순히 결정되는 것이 아니라, 역사적 물질과정이기 때문에 매체가 사회 변화를 유도할 수 있다고 하였다. 사회변화의 실천은 인간과 인간의 제도가 테크놀로지의 사용을 상상하고 구체화하는 방식에 달려 있다는 것이다. 문화형식과 커뮤니케이션 매체의 기능을 규정하는 것은 특정 역사적 상황에 있는 특정 사회적 집단들의 결정이기 때문이다. 윌리엄스는 이런 주장을 기술결정론과 대치되는 것으로 부각시켰다. 또한 신문과 방송의 역사적 변화과정을 비교하면서 미디어 제작자들과 지역 공동체의 연합에 의한 미디어 생산물 통제를 주장하였다. 전문 제작사들의 설립을 장려하는 정부의 정책 지원을 제안하였다.

또한 그는 미국식 상업방송제도와 영국식 공영방송제도가 자본과 국가의 유착이라고 비판하고, 새로운 공공서비스 이념이 필요하다고 주장히였다. 또한 윌리엄스는 그동안 텔레비전을 분석할 때의 단위인 개별 프로그램을 상호 연관시켜 '흐름의 문화(flow of culture)' 개념으로 파악했다. 흐름이란 광고, 프로그램, 자체 홍보물 등 서로 연관성이 없는 텍스트들을 TV시청이라는 총체적인 경험의 양식으로 묶은 유동적인 전달방식을 말한다. 시청자들의 TV 시청의 총체적인 경험을 재구성하고, TV 미디어의 경제적, 사회적, 문화적 가치를 재평가하기에 유용한 개념이다(Williams, 1974, 10-14). 1983년의 〈2000년대를 향하여 towards 2000s〉에서도 지역과 제작자 중심의 방송모델을 제안하였다.

윌리엄스의 연구는 주로 문화연구에서만 협소하게 다루어지고, 다른 미디어 분야의 연구자들에게 소홀하게 다루어졌던 것이 사실이다. 하지만 윌리엄스의 커뮤니케이션 연구는 미디어 중심주의를 벗어나 사회적 총체성속에서 미디어와 사회 그리고 문화의 관계를 조망하는 방법을 일깨워 준다. 또한 커뮤니케이션을 끊임없는 사회-물질적 과정의 분해할 수 없는 한 가지 요소로 간주하면서 정치경제학과 문화연구의 이분법적 사고방식을 벗어날 수 있는 대안을 제시하기도 한다. 특히 그는 역사 속에서 미디어의 불평등한 권력관계를 분석하고 해방적 가능성을 모색하여 이론과 역사의 분리, 이론중심주의에서 벗어날 수 있게 해준다. 특히 〈Communications〉는 1962년에 처음 출판되어 1966년에 수정판이 나왔고, 68년과 70년에 재판을 찍었다. 1976년에 다시 수정판이 나와 1977년과 1979년에 재판을 찍었다. 1979년까지 영국에서만 15만부가 나갔다. 이로 인해 문화와 미디어에 대한 비판적 사고가 학교, 고등교육기관과 주류적인 담론으로 부각되었다.

아사 브리그스와 레이몬드 윌리엄스 비교

두 사람은 미디어의 사회문화사라는 공통점에도 불구하고, 두 사람은 커뮤니케이션과 대중문화에 대해 상반된 시각을 가졌다. 브리그스(Briggs & Burke, 2005)는 미국식 대중매체 효과이론인 라스웰의 SMCRE 커뮤니케이션 모델에 많은 영향을 받았다. 라스웰의 커뮤니케이션 모델은 커뮤니케이션, 주로 정치적 메시지(프로파간다)에 초점을 맞추고 있어서 당시의 미디어 쟁점과 제도를 무시하였다는 비판을 받았다(Dahl, 2002). 윌리엄스는 신좌파들과 함께 1950-60년대 영국의 사회문화적 변화를 모색하면서 커뮤니케이션 방식을 고민하였다. 그(Williams, 1962/1976 3rd ed.)는 커뮤니케이션을 '아이디어, 정보와 태도가 전달되고 수용되는 제도와 형식들(the institutions and forms in which ideas, information, and attitudes are transmitted and received)'로 정의하면서 미디어 체제유형을 분석하였다.

두 사람은 당시의 학자들이 엘리트주의적 편견에 의해 대중문화를 비하한 반면, 성인교육의 영향으로 대중문화의 중요성을 강조하였다. 그럼에도 불구하고, 브리그스는 라디오를 고집하고, TV 출연을 거부하였지만, 윌리엄스는 TV에 대해 적극적이었다. 브리그스는 라디오 방송을 통하여 노동계급을 계몽하는 역할에는 적극적이었지만, 동시대의 역사학자인 플럼(J. H. Plumb), 테일러(A. J. P. Taylor)나 케네스 클락(Kenneth Clark)과는 달리 TV로 이전하지는 않았다. 이는 엘리트 지식인들이 가지고 있는 매스 미디어 거부증 또는 TV 거부증의 일환인 것으로 보인다. 당시 엘리트 지식인들은 빅토리아 시대의 계몽주의에 입각하여 신문이나 서적을 계몽의 도구로, 라디오나 TV를 대중적 통속화의 도구로 보는 경향 때문에 방송출연을 꺼려하는 경향이 있었다. 대중 매체의 중요성을 강조하였던 브리그스도 라디오에서 TV시대로 이전하였던 1950년대에도 뉴미디어인 TV를 꺼려하여 라디오를 고집하는 지식인이었다 (Taylor, 2015).

문화를 엘리트주의의 관점에서 일상생활의 경험으로 이론화 하였지만, 윌리엄스는 반엘리트주의를 견지해 '좌파적 리비스'로 불리기도 하였다. 리비스가 갖고 있던 매스 미디어의 부패적 영향력에 대한 증오를 따르지 않았다. 그는 '대중은 존재하지 않는다. 사람들을 대중으로 보는 방법'만 있을 뿐이라고 단언했다. 대부분의 지식인들이 텔레비전을 경멸할 때에도 윌리엄스는 TV 시청을 즐겼으며 텔레비전 비평을 쓰기까지 하였다. 그는 속세를 무시하고 독선과 신비주의에 빠져드는 문학연구자들을 "17세기의 정치 팸플릿은 학술적 관심의 가치가 있지만, 지금의 정당정치는 그런 가치가 없다'고 비판하였다.

브리그스가 BBC의 공식적 지원을 받으면서 내재적 접근을 하였지만, 연구의 독립성을 견지하고자 노력한 반면, 윌리엄스는 평생 외부의 지원을 받지 않고 독립적인 연구를 진행하였다. BBC의 자금과 인력을 지원받고 BBC 아카이브에 의존하면서 BBC와 정부로부터 독립적인 연구 자세를 갖추기가 결코 쉽지 않다. 브리그스의 뒤를 이어 BBC의 공식역사가가 된 진 시튼(Seaton, 2015b)은 브리그스의 장점으로 BBC 내부를 파악하면서도 독립성을 유지하였다는 것을 들고 있다. 브리그스는 'BBC 설립 때부터 모든 사장과 대부분의 경영위원장을 만난 유일한 사람이기 때문에, BBC 인물들을 혈통적으로 이해할 수 있는 마지막 사람일 것'이라고 하였다. 브리그스는 이들의 가치와 경험을 이해하고, 약점도 잘 알고 있었다. 특히 시튼은 브리그스가 옥스퍼드 대학의 출판부와 BBC 역사서를 계약하면서 BBC로부터의 독자성을 보장받을 수 있었다고 한다.

브리그스가 BBC의 자금과 인력을 지원받으면서 BBC 역사연구를 한 반면, 윌리엄스는 외부기관의 지원을 받지 않고 독자적으로 연구하였다. 간햄(Garnham, 1988)은 윌리엄스에 대한 추모 논문에서 '외부 기관, 특히 광고주들로부터의 지원에 의존하여 미디어 효과,

정치적 의제설정, 내용 연구 등에 집중하는 경향을 질타하고 외부 기관으로부터 연구자금을 받지 않으면서 독자적으로 영국의 미디어 및 문화연구의 독특한 전통의 기초를 세웠다'고 평가하였다. 하지만 독립적 연구가 BBC 역사연구에 많은 제약을 가져다준 것 또한 사실이다. 브리그스가 역사학자 출신인 반면, 윌리엄스는 영문학 출신으로 문학텍스트를 문맥에 맞게 꼼꼼하게 독해하는 과정을 BBC 연구에 적용하였다. 일부 전문가(Sparks, 1993; McGuigan, 1995)들은 윌리엄스가 사실 그대로의 나열에 의존하여 간접적인 방식으로 방송사를 서술하였다는 비판을 하였다. 새로운 커뮤니케이션 기술을 둘러싸고 사회적 갈등이 야기되는 방식, 엘리트들이 정립한 제도적 관행에 대해 사람들이 이의를 제기하는 방식 등에 문제제기를 한 적이 없다는 것이다. 또한 라디오 청취자들 사이에 새로운 테크놀로지의 사용방법에 대해 상이한 입장과 대중문화에서 경험되는 방식에 대한 검토가 없었다는 지적을 하였다. 이는 BBC의 자금과 인력 지원 그리고 내부문서에 대한 접근을 할 수 없었던 한계로도 보인다.

브리그스와 윌리엄스의 지적 배경과 공통점 그리고 시각의 차이를 간략하게 살펴보았다. 이들은 일반적으로 역사학자와 문화연구의 선구자로 알려져 있다. 하지만, 미디어를 연대기나 제도로 서술하는 관행을 탈피하여 사회 및 문화와의 관계를 총체적으로 서술하는 미디어 사회문화사로 확장하는 것에 커다란 기여를 하였다. 흥미로운 것은 1950년대 말에서 1960년대 초반의 시기에 역사학자와 영문학자인 이들이 역사와 문화연구에서 미디어 혹은 커뮤니케이션에 초점을 맞추었다는 사실이다. 이는 당시 경제적 호황기에 노동자의 경제적 여건이 개선되고 정치적 민주화가 이루어지면서 문화의 민주화로 관심이 모아진 것과 무관하지 않다. 특히 경기 활성화로 '커뮤니케이션 혁명'이라고 할 만큼 신생 미디어인 TV 수상기의 보급이 급격하게 확장되면서 TV는 보통사람들의 문화적 생활에 막대한 영향을 미쳤다. 특히 미국은 컬러TV의 도입으로 패션, 스포츠 등 인간 생활 전반이 획기적으로 변화하였다. 대부분의 지식인들은 뉴미디어인 TV의 도입에 대해 '바보상자'를 만든다는 이유로 대중문화에 부정적이었다. 하지만 노동계급 출신의 두 지식인은 야간에 주로 이루어지는 성인교육을 통하여 대중매체의 중요성을 인식하였고, TV를 노동계급의 교양을 향상시키는 문화의 민주화 도구로 간주하였다. 실제 2세대 미디어 지식인들인 간햄 (Nicholas Garnham), 스캐널(Paddy Scannell), 스미스(Anthony Smith), 블름러(Jay Blumler)[44] 등은 BBC에 취직하거나 직간접적으로 관여하여 BBC를 사회변혁의 발판으로 삼았다(Garnham & Fuchs, 2014).

미디어를 문화 민주화의 핵심 도구로 간주하였음에도 불구하고, 두 지식인의 삶은 너무나 달랐다. 똑같은 노동계급 출신의 지식인이었지만, 브리그스는 국가, 대학과 방송사의 제도적인 틀에서 성인교육, 대학개혁운동을 한 반면, 윌리엄스는 지역과 국가 그리고 방송사의 현실에 대해 끊임없이 비판적인 시각을 유지하면서 제도적 지원을 거부하고 부인의 도움만 받으면서 고립되고 고독한 연구를 하였다. 윌리엄스는 좌파들과 영국인들 사이에서 영향력이 상당하였음에도 불구하고, 노동당과 BBC 경영진들은 윌리엄스를 부담스러워 하였다. 반면 브리그스는 BBC의 경영진은 물론이고, 이들과 사이가 좋지 않았던 초대사장 존 리스와도 친하게 지내면서 막대한 연구자금과 인력과 연구 자료를 획득하여 기념비적인 BBC 역사서 5권을 완성하였다. 수상과 장관을 지낸 고향 및 대학의 친구들과도 좋은 사이를 유지하여 본인이 근무하였던 리즈, 서섹스, 옥스퍼드 대학에 아카이브 센터를 유치하고 개방대학을 개설하여 총장이 되었다.

윌리엄스의 권고안은 노동당 정부에 영향력을 발휘하지 못하였다. 윌리엄스와 다른 급진적 제안들이 노동당 정부에 영향력을 발휘하지 못한 것은 복합적이다. 개혁운동의 보수주의가 영향을 미쳤다. 경제, 건강과 교육 등 다른 개혁이슈에 밀려 커뮤니케이션 분야는 뒷전이

---

44 블룸러는 리즈대학의 TV 연구센터를 설립하고 1984년에 시작된 〈European Journal of Communication〉의 공동 창간자이다. 첫째, 그는 미국 Antioch대학에서 정치학을 전공하여 미국 커뮤니케이션 연구와 친숙하다. 1963년 리즈 대학의 Granada Television Research Fellow 자리를 준비하면서 미국 효과연구에 전념하였다. 블룸러가 영국 미디어연구에 끼친 영향을 파악하는 하나의 방법은 미국으로부터 통찰력을 수입하였다는 것이다. 두번째, 그는 열성적인 사민주의자이다. 급진적 부모의 아들로 1947년에 LSE에서 급진적 다원주의의 리더였던 Harold Laski의 지도하에 석사과정을 다녔다. 블룸러는 옥스포드 대학과 연계된 노동계급 및 성인교육기관인 Ruskin대학에서 14년간 강사를 하였다. 이 기간동안 블룸러는 열성적인 노동당 활동가이자 지식인이 되었다. 블룸러의 강한 사회민주주의적 신념은 사회적 연대, 사익을 넘어서는 공익의 추구 등을 주장하게 하였다. 이는 정치 커뮤니케이션 분야에서 지도적인 중도좌파의 성향을 띄게 되었다. 세번째, 블룸러는 두 국가의 시민이었다. 그는 성인생활 대부분을 영국에서 살았고, 영국 여자와 결혼한 미국인 국외 거주자였다. 하지만 부드러운 미국 억양을 지닌 채 미국과의 강한 연대를 지니고 있었다. 그는 메릴랜드와 리즈 대학 두 곳에서 교수 직위를 동시에 지니고 있었다. 이중성은 한 국가에 매몰되는 국수주의를 벗어나 비교 연구적 시각을 가지게 하였다(Curran, 2015).

었다. 방송과 신문 산업의 정치적 영향력이 막강하고 특히 신문업계에서는 정부개입을 꺼리는 분위기가 있었다. 1960년대와 1970년대의 급진적인 미디어 개혁운동은 정치적으로 우호적인 분위기를 만나지 못하였다. 뿐만 아니라 윌리엄스의 개혁안이 가지는 약점도 있었다. 첫째, 많은 개혁안들이 상세한 연구보다는 원칙에 입각하여 작성되었다. 특히 미디어 산업에 대한 세밀한 경제 분석이 결여되어 있다. 둘째, 그는 노동자가 통제해야 한다는 신념을 가지고 있다. 이것이 실제 의미하는 바와 프로듀서와 저널리스트들의 권리가 다른 이익들을 능가하는 이유에 대해 설명하지 못하였다. 1960년대와 1980년대 운동에서 제작자에게 더욱 많은 권력을 주어야 한다는 사고가 지배적이었다. 이는 영화와 TV제작에서 순수하게 급진적인 동기를 부여하였다. 하지만 이는 동시에 1980년대에 도립 프로덕션을 활성화하는 계기도 마련하였는데, 보수당정부(1979-97)에서 이는 방송에서 자유로운 기업과 상업적 경쟁을 장려하는 정책의 일환이었다. 셋째, 그의 제안들은 특정한 국가이론에 근거를 두지 않고 있다. 이들은 국가를 중립적인 도구로 간주하여 정당한 선거에 의해 선출된 것으로 간주하였다. 하지만 사회주의 비판가들은 국가를 당파적이며 자본의 이익에 결부되었다고 간주하였다. 넷째, 미디어를 공적으로 통제하고자 하는 그의 제안들은 소유주, 방송인, 국가, 산업 내 노동자들과 공중들의 잠재적인 적대감을 고려하지 못하였다. 윌리엄스는 그가 참고할 수 있는 정세한 좌파의 전통적인 사고방식이 없었다고 한다. 그럼에도 불구하고 윌리엄스는 문화, 미디어, 사회변화와 정책을 연결하고 수용자의 중요성을 강조하였다(O'Mally, 2013).

8장   미국방송연구의 개척자,
                            에릭 바르누

영국방송사 연구를 개척한 사람이 아사 브리그스라면, 미국방송역사
를 개척한 사람은 에릭 바르누(Erik Barnouw, 1908-2001)이다. 라디오
의 황금시대인 1930-40년대에 바르누는 라디오 작가이자 기획자로
활동하였다. 또한 콜롬비아 대학의 라디오학과를 발전시키고, 초창
기 TV 교육 커리큘럼도 개발하였다. 그는 1960년대 후반에 세권의
미국방송사를 저술하였다. 그의 방송역사서는 아카이브 작업, 부드
러운 문체와 옥스퍼드 출판사를 택하여 후세대 방송역사학자들에
게 귀감이 되었다. 2001년 사망하기 직전까지 라디오, TV, 다큐 영
화와 관련된 각본작가, 프로그램 제작에 열중하였다. 그는 미디어 관
련 직업과 연구에 일생을 보내면서 후학들로부터 '최고의 방송역사
가(Broadcasting's Premier Historian)'라는 찬사를 받았다(Sterling, 2005).

개인 이력과 생애

바르누는 1908년 6월 23일 네덜란드의 덴 하그(Den Hague)에서 네 형제 중 세 번째로 태어났다. 아버지는 고등학교 선생이고, 어머니는 음악을 전공한 성악가였다. 아버지는 1차 대전 중에 미국 주간지 〈The Nation〉의 유럽 통신원을 하였다. 아버지는 14개의 언어를 공부하였다. 그가 박사학위를 받았던 하이텐(Heiden) 대학의 교수가 되고자 하였지만, 박사학위 소지자가 너무 많아서 대기해야 했다. 1차 대전 끝 무렵에 러시아 혁명으로 〈The Nation〉이 경제난으로 더 이상 버티지 못하고, 새로운 주간지 〈The Weekly Review〉가 나왔다. 여기에서 아버지에게 미국으로 와서 유럽 부문 편집인이 될 수 있겠느냐고 물었다(Barnouw, 1996). 어머니는 미국행을 결심하였고, 아버지는 학교에서 1년간 휴식을 허락받았다. 그의 가족은 1919년에 미국으로 이민을 갔다. 하지만 미국에서 새로운 잡지는 1년을 버티지 못하였고, 네덜란드의 집도 이미 팔렸다. 아버지는 콜롬비아 대학에서 네덜란드 전공 강사를 제의 받았으며, 1년 후에 교수가 되었다. 그의 아버지는 콜롬비아 대학의 네덜란드 역사와 문학을 가르치는 교수로 14개의 언어에 능통한 언어학자였다.

교육자 집안에서 태어난 바르누는 독일어, 네덜란드어, 벨기에어, 프랑스어와 영어를 배웠다. 그의 청년기는 주로 연극과 관련되는데, 프린스턴 대학에서 1929년 졸업할 때까지 대본을 쓰고 연기를 하였다. 교수들이 대학원 진학과 연구원을 제의하였지만, 졸업 후에 연극을 고집했다. 하지만 이시기는 대공황으로 모든 것이 힘든 때였다. 불황으로 인하여 연극도 몇 달밖에 하지 못하였고, 비즈니스 잡지의 작가로 몇 주 정도 밖에 일을 하지 못하였다. 다행히 유럽으로 여행하는 기회를 잡아, 비엔나에서 라인하트(Max Reinhardt)와 몇 달 동안 드라마 공부를 하였다. 1931년에 미국으로 돌아왔으나 연극은 물론이고 다른 일자리도 힘들었다.

광고대행사에서 1931년부터 1938년까지 근무하였다. 라디오 광고시장이 성장하면서 프로그램 각본과 제작 그리고 광고물에 열중하였다. 그는 일주일에 6번 방송하는 〈Camel Quarter Hour〉를 제작하였는데, 이때까지 그는 라디오를 가져본 적이 없어서 즉각 라디오를 구입하여 일주일 내내 들었다. 여러 작품을 만들어 그중 상당수는 성공하였다. 1930년대 중반에 여러 작품들을 만드느라 에너지를 소진하였고, 이 일에 염증이 나서 새로운 광고회사인 아서 쿠드너(Arthur Kudner)로 옮겼다. 하지만 하는 일은 이전과 별반 다를 바가 없어서 사직하였다. 2차 대전이 시작되면서 바르누는 NBC의 공익프로그램 〈Cavalcade of America〉와 〈Theater Guild on the Air〉 드라마 시리즈물의 대본편성자로 일하였다. 이후 워싱턴 DC에서 군대 방송의 부서장으로 일하였다.

전쟁 이후인 1946년 콜롬비아대학으로 돌아와 전임교수가 되었다. 콜롬비아 대학에서 라디오 작가론을 가르치는 것에 관심이 있는 지를 물었다. 아버지가 콜롬비아 대학교수여서 부모님은 대학교수가 되기를 원하였다. 대학에서 라디오 작가론과 제작론을 가르치면서 마땅한 교재가 없다는 것을 깨닫고, 이전에 썼던 대본을 일부 포함하여 첫 저술인 〈Handbook of Radio Writing, little, Brown, 1939〉을 저술하였다. 대학교수를 하면서도 NBC와 CBS 스튜디오와 관련된 일을 병행하였다. 배우들은 작품이 끝나면 원고를 그냥 버리고 말았는데, 이것을 활용하여 저술에 이용하였다. 출판사에 문의하니 1페이지 이상은 작가의 허락을 받아야 한다는 것이었다. 그래서 〈Shadow〉 작가인 오볼러(Arch Oboler)는 자기 이름을 쓰지 않는 조건으로 저술에서 사용하는 것을 허락하였다. 이것이 인연이 되어 작가들을 강의에 초빙하여 지속적인 교류를 하였다. 콜롬비아 라디오 작가코스에서 수많은 작가와 소설가 등이 탄생하였다. 펄 벅은 이미 노벨상 수상자로 당시 가장 유명한 작가였는데, 국무부로부터 중국으로 보내는 단파방송용 각본을 서술 해달라고 부탁 받았다. 그녀는 바르누의 가장 열성적인 학생이었으며, 실제 〈America Speaks to China〉라는 제목으로 여섯 편의 원고를 만들었다. 그녀가 나타나면 많은 사람들이 와서 혼란스러웠는데, 남편이 바르누의 어머니 이름으로 등록하였다. 교수로서 학생들을 가르치면서 NBC에 각본을 계속하여 썼고, 이 두 가지 일은 상호간의 보완이 되었다(Hilliard, 1999). 방송사에서의 작업을 토대로 〈Handbook of Radio Production, heath, 1949〉을 저술하였다. 또한 서베이 교재인 〈Mass Communications, Rinehart, 1956〉, 〈The Television Writer, Hill & Wang, 1962〉, 인도에서의 인터뷰를 토대로 〈Indian Film, Columbia, 1963〉을 저술하였다. 1957년에 미국작가길드(Writers Guild Of America) 회장이 되었다. 그는 예술대학의 코스에 영화와 TV를 포함하여 1968년까지 학과장을 하였고, 1973년에 학교를 그만두었다.

학교를 그만둔 후에 우드로 윌슨 센터에서 연구원(Woodrow Wilson Fellow)으로 근무하였다. 센터에서는 외국의 학자들이 절반 정도, 미국인들이 절반 정도로 상호간에 교류하는 장이었다. 전임 주지사, 볼리비아 전임대통령, NATO를 진두지휘한 장군 등이 있었다. 의회도서관장 다니엘 부어스틴(Boorstin)은 바르누를 영화, 방송, 음반 아카이브 부서의 장으로 초빙하고자 하였다. 바르누는 이미 70살이고, 인도로 가서 4-5개월간 있으면서 〈Indian Film〉을 업데이트시키기로 하였다고 계약되어 있다고 하였다. 부어스틴은 이 조건을 받아들이고 부서의 핵심인물을 선발하는 전권을 부여하였다. 1978년에는 의회도서관에서 영화, 방송, 음반 아카이브을 담당하는 부서의 장이 되었다. 1981년에 후임자에게 자리를 물려주었다(Barnouw, 1996).

　1981년에 의회도서관을 그만두면서도 대본작업을 지속하였다. 바르누는 다시 영화분야로 돌아와 〈The Magician and the Cinema, 1981, Oxford〉과 〈Documentary: A History of the nonfiction film, Oxford, 1989〉를 저술하였다. 또한 수백 명의 필진을 동원하여 저술한 4권 분량의 〈International Encyclopedia of Communications〉 편집인으로 활약하였다. 힐리어드 교수〈Hilliard, Emerson College, Boston〉는 '바르누가 80대가 되어서도 자서전을 쓰면서 전통적인 생애사가 아닌 자신의 미디어 창조 작업이 반영된 창조적인 스타일을 고집하였다'고 한다. 이러한 노력으로 〈Media marathon, 1996, Duke〉, 〈Conglomerates and the media, 1997, New Press〉를 저술하였다. 마지막으로 저술한 〈Media Lost and Found, 2001, Fordham〉은 93세의 나이로 사망하기 몇 달 전에 나왔다. 그

는 1971년에 George Polk Award(롱아일랜드 대학이 매년 수상하는 미국 저널리즘 상)를 수상하였다. 그는 또한 마술에 관심이 있어서 〈The Magician and the Cinema, 1981〉를 저술하고 마술인 친구들도 많았다. 1983년부터 미국역사학회는 미국영화사 부문에 에릭 바르누상(Erik Barnouw Award)를 만들었다.

미국방송사 연구의 바이블

그는 1966년에 미국 방송사를 서술한 1권 〈Volume 1, A Tower in Babel, 1933년까지의 미국방송〉, 2권 〈The Golden Web, 1950년까지〉, 3권 〈The Image Empire, TV의 등장과 성장〉으로 저명한 미국 방송역사가가 되었다. 1권은 방송초창기부터 1933년까지를 다룬 책으로 RCA 방송과 데이비드 사르노프 사장을 중심으로 방송개척사를 다루었다. 무질서한 독립방송국들과 비효율적인 정부규제가 있었던 1920년대 미국방송을 다루었다. 1919년에서 1922년은 라디오의 자유방임시기로 규정하였다. 면허는 자동적으로 나왔고, 많은 수신자들은 수신기를 직접 만들었다. 1922년 초반에 상무부는 430개의 방송국을 허가하였다. 수신기 판매는 1922년 6000만 달러, 1923년 1억3600만 달러, 1923년 3억5800만 달러를 판매하였다. 1924년부터 1927년에 라디오는 대중들의 폭발적인 인기를 얻었다. 수신자들은 자신들의 스타를 만들었고 라디오는 혁신적인 매체가 되었다. 하지만 기술발전에 상응하는 프로그램은 부족하였다. 다양한 관점이나 재즈음악이 부족하였고, 편성의 개념도 없었다고 한다. 그는 1927년에서 1933년은 라디오가 재정적인 안정을 얻으면서 제도적으로 정착한 시기라고 하였다. 그는 1권에서 라디오의 기술발전을 중심으로 정부와 라디오의 관계, 전국에 산재한 라디오방송국, 관련 산업들이 라디오에 대해 변화한 태도, 또한 미국의 변화에서 라디오의 역할에 대해서 서술했다. 나이트(Knights, 1967)는 1권에 대한 서평에서 관련 자료들이 매우 부족함에도 불구하고, 초창기 라디오의 발전에 정부가 도움을 준 부분에 대해서는 매우 탁월하게 서술하였다고 한다. 그는 1929년, 최신사회경향에 대한 대통령위원회는 미국인의 삶을 크게 바꾸어 놓는 것으로 라디오와 자동차를 꼽았다. 자동차분야는 아직 시도되지 않았지만, 바르누 교수는 라디오산업에 대한 3권의 역사서를 서술하였다고 높이 평가하였다. 또한 해프너(Heffner)는 서평에서 '미국방송의 역사는 우리들의 것이 아니라 GE, AT&T같은 산업계의 이야기라는 것을 말해준다. 바르누는 낭만주의자가 아니라 현실주의자이며, 문화사가 아니라 기업들의 경영사를 서술하였다. 이는 창조성과 공공서비스가 아니라 갈등과 수용의 역사이다'라고 평가하였다.

2권 〈The Golden Web〉은 1933년부터 1950년까지의 방송을 다루었다. 1933년 연방커뮤니케이션법부터 1953년 TV채널의 할당까지 있었던 방송국과 스폰서, 광고주 등과의 연계 상황을 서술하였다. 팰리(William Paley), 사르노프(David Sarnoff) 같은 방송사 사장과 라스커(Albert Lasker) 같은 광고계의 거물들을 다루었다. 그 외에도 페인(George Payne), 플라이(Lawrence Fly) 같은 FCC의 주요 인물과 방송 연기자, 작가, 디스크자키 등도 다루었다. 방송계의 주요 인물들에 대한 향수를 가진 사람들에 대해서는 자세하게 다루고 있으나, 네트워크 방송의 사회적, 심리적 혹은 경제적 영향을 분석하는 것에는 다소간 미약하다(Gibson, 1969). 3권은 1953년부터 TV 시대를 다루었다. 가독성과 이해력이 뛰어나 이 분야를 연구하는 사람들에게 표준을 제시하였다. 프로그램과 정치의 관계를 주로 다루었다. 프로그램에서는 아미-맥카시(Army-McCarthy) 청문회, 큰 상금이 걸린 퀴즈와 스캔들, 머로우(Edward Murrow)의 〈See It Now〉, 케네디-닉슨토론, 케네디의 장례식 등을 다루었다. 정치파트에서는 주로 TV의 사회에 대한 영향력을 다루었다. 백악관이 주로 TV를 통해서 여론을 조작한 상황을 다루었다. 바르누는 미국방송을 정부의 방임과 광고에 기반을 둔 사적기업으로 특징 지웠다. 그는 미국이 해외에서 방송하는 것을 위해 매년 1억 달러를 투자하여, 전 세계에 작은 미국을 구축하는 것에 대해 비판적이었다(Gibson, 1971).

바르누는 세권의 미국방송사로 인하여 미국방송역사연구의 선구자가 되었다. 그는 체계적인 훈련을 받은 역사가는 아니다. 그는 라디오와 TV 프로그램 각본을 쓰고, 연출하며 제작하는 것에 일생을 보낸 사람이다. 하지만 1966년부터 1970년까지 쓴 세권의 미국방송사는 선구적인 방송역사가로 만들었다. 이후로도 방송역사와 관련된 〈Tube of Plenty: The Evolution of American Television, 1975〉와 〈The Sponsor: Notes on a modern potentate, 1978〉은 주목할 만하다. 〈Tube of Plenty〉는 세권의 미국방송사를 TV의 역사적 발전을 중심으로 한권으로 요약한 것이다. 대학 학부생들을 위한 대학교재로 서술하였다. 그는 대부분의 프로그램, 네트워크와 TV광고에 대해 부정적이다. 이는 이데올로기적 편견보다는 시민적 자유와 문화적 취향의 측면에서 이루어진 평가이다. 이 책은 20세기 미국사를 가르치는 것에 적합한 교재이다. 텔레비전과 텔레비전이 정치에 미친 영향을 중점적으로 다루었다. 역사적으로 유명한 체크스 연설,[45] 맥카시 청문회, 케네디-닉슨 토론, 쿠바 미사일 위기, 케네디 대통령 피습, 워터게이트와 닉슨의 사임 등을 다루었다. 방송사업의 비즈니스와 정치의 관계에 대해서는 상세히 다루었지만, 기술적 측면과 TV의 사회적, 심리적 영향에 대해서는 제대로 다루지 못하였다는 평가이다(Goldfarb, 1977).

〈The Sponsor〉에서 바르누는 미국 방송체제의 근본적인 문제점으로 경매제와 스폰서를 통한 이윤 시스템을 시적하였다. 방송의 초창기 30년 동안 경매체제로 가면서 상업방송이 교육과 공공서비스 섹터를 압도하는 잘못된 체제로 빠졌다는 것이다. 지금보다 라

---

45 1952년 9월, 공화당 부통령 후보 리처드 닉슨(Richard M. Nixon)은 상원의원 재직 시 부정 선거자금 1만 8,235달러를 받은 혐의로 곤란에 처하게 되었다. 9월 23일 오후 6시 30분 시청자 앞에 선 닉슨은 '팔라 연설'을 원용해 이렇게 말했다. "지인에게서 1만 8,000달러의 후원금을 받은 것은 사실이다. 국민과 유권자 여러분께 사과드린다. 그러나 개인 용도로는 단 한 푼도 쓰지 않았다. 개인적으로 받은 것은 내 딸을 위한 체커스라는 이름의 강아지 한 마리뿐이다."이게 그 유명한 이른바 '체커스 연설(Checkers speech)'이다. 닉슨은 논리적인 방법으로 자신의 부정 혐의를 반박한 것이 아니라, 자신이 범한 부정이라곤 체커스라고 하는 개를 선물 받은 것이 전부이며 그것도 돌려주려고 했으나 아이들이 너무 좋아하는 바람에 개와 이별할 수는 없었다며 감성적인 어법으로 시청자들의 감동을 자아냈다. 한 편의 드라마(soap-opera)를 방불케 했다는 평가마저 나왔다. [네이버 지식백과, Checkers speech]

디오의 황금시대에 스폰서의 힘은 막강하였다. 단지 광고에 한정되는 것이 아니라 TV를 결정짓는 요소가 되었다. 1930년대에 프로그램은 광고대행사에 의해 그들의 고객을 위해 제작되기도 하였다. 프로그램 제목도 광고주의 이름을 딴 경우가 많았다. 1950년대에 광고비가 급격하게 오르면서 프로그램에서 30초 혹은 60초 광고시간을 구매하는 것으로 한정되었다. 네트워크의 파워가 강력해지면서 TV 광고시간은 판매자 시장이 되었다. 대부분의 광고주는 이 책의 부제가 표현하는 것처럼 지배자로 보기는 힘들다. 바르누는 단지 스폰서가 문제가 아니라 전체 체제가 이윤을 추구하는 것으로 근본적으로 바뀌어야 한다고 했다(Barnouw, 1978).

비판적 평가

바르누의 대표적인 업적은 미국방송에 대한 세권의 역사서이다. 미국 내의 학자들이 당시의 시대적 상황을 고려하면 '기념비적인 업적이고 최고의 방송역사가'로 평가받았다(Sterling, 2005). 뉴욕 타임스는 '지속적으로 읽을 만하고, 날카로운 관찰력이 돋보인다'고 하였다(New York Times, 1971년 12월 26일자). 아사 브리그스가 영국방송사를 처음 저술한 것이 1962년이라는 것을 고려하면 다소간 늦었다고도 할 수 있다. 하지만 브리그스가 역사학자로서 '외부에서 온 내부인'의 입장에서 방송역사서를 서술하였다면, 바르누는 1930년대부터 NBC와 CBS 방송현업계의 경험 그리고 대학교수로서의 교육경력을 바탕으로 서술하였다.

하지만, 바르누의 작업에 대한 미국 외부의 평가는 호의적인 것만은 아니다. 노르웨이의 미디어 역사학자 달(Dahl, 1978)은 '바르누의 연구처럼 종합적이고 서사적인 연구는 제도사 편향적이라고 한다. 제도사는 수많은 연대기와 이름들로 넘쳐나 마치 미디어사가 아니라 회사의 역사 같다'고 한다. 제도에서 중요한 것이 반드시 역사에 주요한 것은 아니다. 역사는 커뮤니케이션 수단에 대한 분석이어야 한다. 또한 방송과 기술, 경제, 문화와 교감하는 부문이 약하다. 특히, 바르누의 미국방송사는 여러 개의 상업방송체제이기 때문에 방송사간의 공명체계가 부족하다고 한다. 호주의 방송역사학자 자카(Jacka, 2004)는 바르누의 세권 작업이 1960년대에 이루어진 것으로 '문화적 영향력'에 대한 조망이 제대로 이루어지기 전이라고 한다. 따라서 바르누의 역사서는 마르코니와 니 포레스트(De Forrest)같은 천재 발명가들을 자축하고, 방송사 사장, 정치인, 규제자들, 방송인들을 주로 다루는 위인전 같은 한계를 벗어나지 못하였다고 한다. 따라서 바르누의 미국방송역사에서 프로그램과 수용자가 뒷전으로 밀려나고 말았다고 한다. 미국외부의 학자들은 대체로 바르누의 작업이 연대기적이고, 위인전 성격을 벗어나지 못하였다고 한다.

참고문헌

한글 문헌

강명현·홍석민 (2005). 로컬리즘과 지역방송: 사회적 로컬리즘의 개념화를 위한 시론적 연구. 〈한국방송학보〉, 통권 제19-1호, 109-141.

강상현 (2013). 공·민영 체계 개편 및 공영방송 지배구조 개선 방안. 〈방송문화연구〉, 25권 1호, 39-74.

강준만 (2017). 〈커뮤니케이션 사상가들〉. 서울: 인물과 사상사.

강형철 (2004). 〈공영방송론: 한국의 사회변동과 공영방송〉. 서울: 나남.

강형철 (2010). BBC 조직과 개혁의 역사. 강형철·성동규·최선규·이준웅·정준희(편), 〈BBC 미래전략〉 (9-86쪽). 서울: 한울.

고민수 (2008, 11월). 공영방송 구조개편 논의에 관한 헌법적 고찰: 국가기간방송에 관한 법률안을 중심으로. 한국언론정보학회 세미나. 59-80

고세훈 (1999). 〈영국노동당사: 한 노동운동의 정치화 이야기〉. 서울: 나남.

곽기성 (2001). 〈호주의 미디어: 다문화주의와 미디어〉. 서울: 커뮤니케이션북스.

곽상진 (2009). 국가권력과 방송. 〈헌법학연구〉, 15권 2호, 1-46.

권현경 (2015). 〈세월호 보도에 대한 뉴스 프레임 연구: KBS 〈9뉴스〉와 JTBC 〈뉴스9〉의 보도경향 비교〉. 고려대학교 언론대학원 석사논문.

김경환 (2009, 5월). 공영방송 거버넌스 구조: MBC모델을 중심으로. 한국언론정보학회 학술대회. 5-20.

김규 (1993). 〈비교방송론 II: 영국·프랑스·네덜란드·독일·일본·미국의 방송환경〉. 서울: 나남.

김대호 (1995). 영국 공영방송 이념의 변화: 방송연구위원회 보고서를 중심으로. 〈언론과 사회〉, 통권 7권, 98-129.

김민섭 (2014). 미디어 규제의 형평성, 〈법학논총〉 제26권 제3호, 2014 (2). 63-96.

김세은·이상길 (2008). 서유럽 방송의 공정성 원칙과 규제: '불편부당성', '다원주의와 정직성'을 위한 영국과 프랑스의 사례. 〈방송통신연구〉, 통권 67호, 69-112.

김우룡·김해영 (2014). 〈세계 방송의 거인들〉, 커뮤니케이션북스.

김영수·임종수 (2010). 지역방송인들의 신지역주의 전략에 대한 인식 연구. 〈방송통신연구〉, 통권 72호, 103-129.

김정기 (2003). 〈전환기의 방송정책: 미국 FCC정책과의 비교 분석〉. 서울: 한울 아카데미.

김태훈 (2009). 프랑스 사르코지 정부의 언론정책. 〈불어문화권연구〉 통권 19호, 255-287.

문화방송 (1996). 〈영국의 방송구소와 정책〉. 서울: MBC.

박명진·김창남·손병우 (2000). 근대화, 세계화, 강력한 국가: 한국의 미디어. 양은경·곽현자(편) (2014), 〈세계화와 미디어 연구〉. 서울: 커뮤니케이션북스.

박선영 (2006). 방송위원회의 합헌적 구성 방안- 방송정책기구의 직무적합성을 중심으로. 〈공법연구〉 제35집 1호, 349-375.

박승관 (1994). 〈드러난 얼굴과 보이지 않는 손〉. 서울: 전예원.

백미숙 (2004). 미국 라디오 방송 제도의 성립과 공익 개념의 형성, 1922-26. 〈한국언론학보〉, 48권 2호, 373-399.

_____ (2005). 미국 방송의 자유와 독점 규제, 1924-1927. 〈한국언론학보〉, 49권 4호, 5-32.

_____ (2008). 미국 초기 방송역사에서 '공익' 개념의 사회적 결정 요인, 1920~1925: 아마추어'시민라디오'와 고출력 주파수 정책 사례분석을 중심으로. 〈경제규제와 법〉, 1권 2호, 191-214.

심영섭 (2007). 스웨덴 공영방송의 지배구조와 감독기구, 김진웅 외(편). 〈세계 공영방송의 지배구조와 관리감독시스템〉. 서울: 커뮤니케이션북스.

안창현 (2007). 공론장과 미디어의 양면성: 규범과 현실 사이, 〈커뮤니케이션 과학〉 제24호, 29-50.

유일상·목철수 (1989). 〈세계 선전선동사〉, 서울: 이웃.

유의선 (1998). 방송위원회의 법적 위상 및 기능 정립에 관한 연구. 〈사이버 커뮤니케이션 학보〉, 통권 2호, 38-67.

윤상길·홍종윤 (2004). 지상파 위성동시재송신 정책의 논쟁과정과 그 평가. 〈방송연구〉 통권 59호, 251-282.

윤석민·김수정 (2005). 지상파TV 재전송정책의 도입과 발전: 미국과 우리나라의 사례 비교. 〈방송과 커뮤니케이션〉, 6권 1호, 33-69.

이강택 (2010). 〈공영방송에 대한 시민참여 연구: 2000~2009 KBS 사례를 중심으로〉. 성공회대학교 NGO대학원 석사학위논문.

이선필 (2009). 이탈리아의 언론과 정치권력 간의 관계에 관한 고찰: 후견적 정당지배체제 정치문화를 중심으로. 〈국제지역연구〉, 13권 3호, 323-342.

이준웅 (2008). BBC 허튼 위원회 사례를 통해 본 공영방송 저널리즘 위기. 〈한국언론학보〉, 52권 5호, 83-106.

_____ (2009). 공적인 것, 정치적인 것, 그리고 불편한 것: 공영방송 위기론 고찰. 〈한국방송학보〉, 23권 2호, 485-525.

이준웅·조항제·송현주·정준희 (2010). 한국사회 매체 체계의 특성: '민주화 이행 모형'의 제안. 〈커뮤니케이션 이론〉, 6권 1호, 87-143.

이진구 (1997). 독일방송사. 강현두(편). 〈세계 방송의 역사〉. 서울: 나남.

이창근 (1997). 영국방송사. 강현두(편), 〈세계방송의 역사〉. 서울: 나남.

_____ (2004). '적절한 불편부당성(due impartiality)' 기준의 역사와 성격에 대하여. 〈방송문화연구〉, 16권 2호, 199-227.

_____ (2009). 주권재민 원칙을 구현하는 공영방송사의 민주적 거버넌스 구축을 위한 탐색. 〈미디어 경제와 문화〉, 7권 1호, 149-200.

_____ (2015). BBC 자율성의 제도적 기원: 공사(public corporation)조직
의 역사적 형성을 중심으로. 〈방송문화연구〉, 27권 2호, 123-158.

임영호 (2002). 공간이론을 통해서 본 한국방송학의 정체성 문제: 지역방송
관련 연구를 중심으로. 〈한국방송학보〉, 16권 2호, 275-303.

장병희·이양환 (2010). 자원기준관점(Resource-based View)을 적용한 영
국, 독일, 일본의 공영방송 지배구조 분석. 〈언론과학연구〉, 10권 2호,
502-543.

정군기 (2006). BBC 정책 결정에 대한 연구: 2006 칙허장 개정을 중심으로.
〈한국방송학보〉, 20권 1호, 404-444.

정용준 (2012). 공영방송의 발전과정과 정체성. 최영묵(편), 〈공영방송의 이
해〉, 서울: 한울아카데미.

_____ (2013a). BBC의 칙허장과 경영위원회에 대한 역사적 검토, 〈의정연
구〉, 19권 3호, 109-135.

_____ (2013b). 존 리스의 공영방송 이념에 대한 비판적 검토. 〈한국방송
학보〉, 27권 2호, 305-332.

_____ (2014a). 초창기 BBC의 공론장 기능에 대한 비판적 평가. 〈언론정보
연구〉, 51권 1호, 39-62.

_____ (2014b). 공영방송의 지역주의 정책이념에 대한 비판적 검토. 〈사회
과학연구〉, 38권 3호, 161-188

_____ (2015). 공영 방송의 '공론장 모델' 논쟁: 1980년대 니콜라스 간햄의
BBC 옹호론을 중심으로. 〈사회과학연구〉 39권 3호, 223-248.

_____ (2019). BBC 역사를 보는 두 가지 시선: 아사 브리그스와 레이몬드
윌리엄스를 중심으로, 〈방송문화연구〉 31(2). 41-68.

정준희(2010). BBC와 영국 지역방송, 〈BBC 미래전략〉, 서울: 한울 아카데
미. 348-94.

조맹기(2004). 〈커뮤니케이션의 역사〉, 서울: 서강대 출판부.

조항제 (2003). 〈한국의 민주화와 미디어권력〉. 서울: 한울 아카데미.

_____ (2006). 지역방송의 지역성 변화: 개념적 접근. 〈한국언론정보학보〉, 통권 34호, 275-305.

_____ (2008a). 〈한국방송의 이론과 역사〉. 서울: 논형.

_____ (2008b). 한국방송사의 관점들: 관점별 특징과 문제제기. 〈언론과 사회〉, 16권 1호, 2-48.

_____ (2014a). 한국의 민주화와 언론의 자유·언론학에 대한 비판적 성찰. 〈커뮤니케이션이론〉, 10권 2호, 41-76.

_____ (2014b). 〈한국 공영방송의 정체성〉. 서울: 컬처룩.

_____ (2014c). 한국방송에서의 BBC 모델. 〈언론정보연구〉, 51권 1호, 5-38.

최선욱·유홍식 (2010). 공영방송 사장의 해임 뉴스보도에 나타난 프레임 분석 연구. 〈한국언론정보학보〉, 52권 4호, 69-89.

최영묵. (2009). 방송의 정치적 독립성 확보를 위한 미디어 정책 방향 연구. 〈한국언론정보학보〉, 통권 46호, 590-626.

최영주 (2013. 2. 20). KBS 대선보도, 박근혜 후보에 편파적, 〈PD저널〉

최진웅 (2013). 〈한국의 방송제도개편에 관한 정치경제적 연구: 제도의 변화와 지속 요인을 중심으로〉. 서울대학교 대학원 박사학위논문.

황근 (2010). 미디어 컨버전스 시대 공영방송의 역할과 규제체계. 〈경제규제와 법〉, 3권 2호, 224-247.

외국 문헌

Arceneaux, N. (2006). The wireless in the window: Department stores and radio retailing in the 1920s. Journalism and Mass Communication Quarterly, 83(3), 581-595.

Bakewell, J. & Garnham, M. (1970). The New Priesthood: British Television Today, London: Allen Lane The Penguin Press.

Baldi, P., & Hasebrink, U. (2007). Broadcasters and citizens in europe: Trends in media accountability and viewer participation. Bristol: Intellect.

Barendt, E. (1993). Broadcasting law: A comparative study. Oxford: Clarendon Press. 김대호(역) (1998). 〈세계의 방송법〉. 파주: 한울.

Barkin, S. (2003). American television news: The media marketplace and the public interest. New York: Sharpes. 김응숙(역) (2004). 〈미국 텔레비전 뉴스: 미국 방송의 사회 문화사〉. 서울: 커뮤니케이션북스.

Barlow, D., Mitchell, P. & O'Malley, T. (2005). The media in wales: voices of small nation. Cardiff: University of Wales Press.

Barnouw, E. (1966). A towel in Babel: A history of broadcasting in the united state to 1933. Oxford: Oxford University Press.

BBC. (1969). The reform and reconstruction of radio broadcasting in the 1970s, In Smith, A.(ed.), British Broadcasting. Newton Abbot: David.

Benjamin, L. (1998). Working it out together: Radio policy from hoover to the radio act of 1927. Journal of Broadcasting & Electronic Media, 42(2), 221-236.

_____ (2002). In search of the sarnoff "Radio Music Box" memo: Nally's reply. Journal of Radio Studies, 9(1), 97-106.

Bensman, M. (2000). The beginning of broadcast regulation in the twentieth century. Jefferson & North Carolina: McFarland & Company.

Beveridge Committee. (1951). Report of the broadcasting committee 1949 (Cmd 8116). London: HMSO.

Blumler, J. (1991). Television in the United States: Funding Sources and Programming Consequences, Blumler, J & T. Nossister, ed. Broadcasting Finance in Transition : A Comparative Handbook, Oxford : Oxford University Press.

_____ (1992). Public broadcasting before the commercial deluge, In Jay Blumler (ed.), Television and public Interest. London: Sage.

Bourdon, J. (2011). Du service public a la tele-realite : Une histoire culturelle des televisions europeennes, 1950-2010. 김설아(역) (2014). 〈유럽 텔레비전 문화사: 공영방송에서 리얼리티 쇼까지 1950-2010〉. 서울: 커뮤니케이션북스.

Boyle, A. (1972). Only the wind will listen: Reith of BBC. London: Hutchinson.

Brants, K., & Siune, K. (1998). Politicization in Decline?. D. McQuail., & K. Siune (eds.), Media policy: Convergence, concentration and commerce. London: Sage

Briggs, A. (1961/1995). The history of broadcasting in the United Kingdom. Vol. 1: The birth of broadcasting. Oxford: Oxford University Press.

_____ (1965). The history of broadcasting in the United Kingdom vol II : The golden age of wireless. Oxford: Oxford University Press.

_____ (1970). The history of broadcasting in the United Kingdom vol III : The war of words. Oxford: Oxford University Press.

_____ (1979a). The history of broadcasting in the United Kingdom vol IV: Sound and vision. Oxford: Oxford University Press.

_____ (1979b). Governing on the BBC. London: BBC

_____ (1980). Problems and possibilities in the writing of broadcasting history. Media, Culture & Society, 1(2), 5-13.

_____ (1985). The BBC: The first fifty years. Oxford: Oxford University Press.

_____ (1995). The history of broadcasting in the United Kingdom vol V: Competition. Oxford: Oxford University Press.

BRU. (1985). The public service Idea in British broadcasting: Main principles. Bob Franklin (2001, Ed.) British television policy: A reader. London & New York: Routledge.

Burgelman, J. (1986). The future of public service broadcasting: A case study for a 'new' communications policy. European Journal of Communication, 1(2), 173-201.

Burns, T. (1977). The BBC: Pubic institution and private world. London: Macmillan.

Burton, P. (1956). British broadcasting: Radio and television in the United Kingdom. Minnesota: University of Minnesota Press.

_____ (1978). United Kingdom: Quality with control. Journal of Communication, 28(3), 52-58.

_____ (1981). Television and Radio in the United Kingdom. London: The Macmillan Press.

Campling, J. (1995). From rigid to flexible employment practices in UK commercial television: A case of government-led reform. New Zealand Journal of Industrial Relations, 20(1), 1-22.

Campling, J. & Michelson, G. (1997). Trade union mergers in British and Australian television broadcasting, British Journal of Industrial Relations, 35(2), 215-242.

Camporesi, V. (1994). The BBC and American Broadcasting, 1922-55. Media, Culture and Society, 16(4), 625-639.

Carsey, M. & Werner, T. (1998). Father of broadcasting David Sarnoff. Time International(Canada edition), 152(23), 64.

Catterall, P. (1999). The making of channel 4. London: Frank Cass.

Ciaglia, A. (2013). Politics in the media and the media in politics. European journal of communication, 28(5), 541-555.

Cliff, T. & Gluckstein, D. (1988/1996), 이수현 역(2008). 마르크스주의에서 본 영국 노동당의 역사, 서울: 책갈피.

Coase, H. (1947). The origin of the monopoly of broadcasting in Great Britain. Economica, 14(55), 189-210.

_____ (1948). wire broadcasting in Great Britain, Economica, 15(59), 194-220.

_____ (1950). British broadcasting: A study in monopoly. London: Longman.

Coatman, J. (1951). The constitutional position of the BBC. Public Administration 29(2), 160-172.

Collins, R. (1993). Public service versus the market ten years on: Reflections on critical theory and the debate on broadcasting policy in the UK. Screen, 34(3), 243-259.

_____ (1994). Two types of freedom: Broadcasting organization and policy on both sides of the Atlantic. In M, Aldridge., & N, Hewitt. Controlling broadcasting: Access policy and practice in North America and Europe. London: Manchester University Press.

_____ (1996). Briggs, A. (1961/1995). The History of Broadcasting in the United Kingdom. Vol. 1, The Birth of Broadcasting. Oxford, UK: Oxford University Press. 서평. American historical Review (December, 1996).

_____ (1998). From Satellite to Single Market: New Communication Technology and European Public Service, London: Routledge.

_____ (2002). Media and identity in contemporary Europe: consequences of global convergence. Bristol: Intellect.

Collins, R., Garnham. N. & Locksley, G. (1988). The economics of television: The UK case. London: Sage.

Collins, R. & Murroni, C. (1996). New Media, New Politics: Media and Communications Strategies for the Future, Cambridge: Polity Press.

Collins, R. & Sujon, Z. (2007). UK Broadcasting Policy: The "long wave" shift in conceptions of accountability, in P. Baldi & U. Hasebrink (eds.), Broadcasters and Citizens in Europe: Trends in media accountability and viewer participation, 33–51, Bristol, UK: Intellect.

Cornford, J & Robins K. (2006). Development Strategies in the Audiovisual Industries: The Case of North East England, Regional Studies, 26:5, 421–435.

Connell, I. (1983). Commercial broadcasting and the British left. Screen, 24(6), 70–80.

Couldry, N. (2000). The place of media power: Pilgrims and witnesses of the media age. London & New York: Routledge.

Creeber, G. (2004). Hideously White: British television, glocalization, and national identity. Television & New Media, 5(1), 27–39.

Crisell, A. (1986, 2ed.). Understanding Radio, London and New York: Routledge.

_____ (1997). An Introductory History of British Broadcasting. London & New York: Routledge

Curran, J. (1984). Reconstructing the mass media, In James Curran (Ed.), The Future of the Left, Cambridge: Polity Press & New Socialist.

_____ (1991a). Mass Media and Democracy: A Reappraisal. 김지운 외
(역) (1993). 〈현대 언론과 사회〉. 서울: 나남.

_____ (1991b). Rethinking the media as a public sphere. In P, Dahl-
gren., & C, Sparks (Eds). Communication and citizenship I(pp.27-
57). London & New York: Routledge.

_____ (2002). Media and Power. 김예란.정준희(역) (2005). 〈미디어
파워〉. 서울: 커뮤니케이션북스.

_____ (2011). Media and Democracy. 이봉현(역) (2014). 〈제임스 커
런의 미디어와 민주주의〉. 서울: 한울 아카데미.

Curran, J. & Seaton, J. (1985). Power without responsibility: The press and
broadcasting in Britain. London & New York: Psychology Press

Dahl, H. (1978). The art of writing broadcasting history, International
Communication Gazette. 1978. vol. 24. (no. 2).

Dahlgren, P. (1995). Television and Public Sphere: Citizenship, Democracy
and the Media, London: Sage.

Darlow, M. (2004). Independents struggle: The programme makers who
took on the TV establishment. London: Quartet Books.

D'Arma, A. (2015). Media and politics in contemporary Italy: from Belr-
usconi to Grillo, London: Lexington Books.

DCMS. (2004). Review of the BBC's royal charter. 방송위원회(역) (2005).
〈왕실 칙허장에 대한 검토〉.

Douglas, S. (1987). Inventing American broadcasting, 1899-1922. Balti-
more: Johns Hopkins Univ. Press.

Dyke, G. (2004). Greg Dyke: Inside Story, 김유신 역(2006). BBC 구하기,
서울: 황금부엉이.

Eckersley, P. (1941). The Power Behind the Microphone. London, Jonathan
Cape.

Etzioni-Halevy, E. (1987). National broadcasting under siege: A comparative study of Australia, Britain, Israel and West Germany. London: Macmillan.

Free Communications Group. (1968). Manifesto, A. Smith(1974). British Broadcasting, 160-162, Newton Abbot: David & Charles.

Freedman, D. (2001). What use is a public inquiry?: Labour and the 1977 Annan Committee on the future of broadcasting. Media, Culture and Society, 23(2), 195-211.

_____ (2003). Television policies of the labour Pparty 1951-2001. London: Frank Cass.

_____ (2008). The politics of media policy. Cambridge: Polity.

Gardner, C. (1984). Populism, relativism and left strategy: A contribution to debate on commercial broadcasting. Screen, 25(1), 45-52.

Garnham, N. (1973/1980). Structures of Television (3rd. Edition). London: the British Film Institute.

_____ (1978). Structures of television. London: The British Film Institute.

_____ (1983). Public service versus the market. Screen, 24(1), 6-27.

_____ (1986). The Media and Public Sphere, In P, Golding., G. Murdock. & P, Schlesinger (Eds.), Communicating politics: Mass communications and the political process. Leicester: Leicester University Press.

_____ (1988). Raymond Williams, 1921-1988: A Cultural Analyst, A Distinctive Tradition, Journal of Communication, 38:4(Autumn, 1988). 123-131

_____ (1990). Capitalism and communication: Global culture and economics of information. London: Sage.

_____ (1992). The media and public sphere. In Calhoun, C. (Ed.), Habermas and the Public Sphere. Cambridge: MA, MIT Press.

_____ (1995). Comments on John Keane's "structural transformations of the public sphere". The Communication Review, 1(1), 23-25.

_____ (2000). Emancipation, the Media and Modernity: Arguments About the Media and Social Theory, Oxford: Oxford University Press.

_____ (2003). A response to Elizabeth Zacka's "Democracy as Defeat". Television & New Media, 4(2), 193-200.

_____ (2005). A Personal intellectual memoir. Media, Culture and Society, 27(4), 469-493.

Garnham, N. & Fuchs, C. (2014). Revisiting the political economy of communication, triple C, 12(1), 102-141.

Gibson, G. (1969). Book Review, The Golden Web: A History of Broadcasting in the United States. Volume II: 1933 to 1953 by Erik Barnouw, The Journal of Southern History, Vol. 35, No. 2 (May, 1969), 285-286.

Gibson, George (1971). Book Review, The image Empire: A History of Broadcasting in the United States. Volume 3: from 1953 by Erik Barnouw, The Journal of Southern History, Vol. 37, No. 2 (May, 1971), 329-330.

Goldfarb, S. (1977). Review: Tube of Plenty: The Evolution of American Television by Erik Barnouw Technology and Culture, Vol. 18, No. 1 (Jan., 1977), 116-117.

Golding, P. & Murdock, G. (1983). Privatizing pleasure. Marxism Today, 10, 32-36.

Gustafsson, K. (1995, ed.), Media Structure and the State: Concepts, Issues, Measures, Mass Media Unit, School of Economics and Commercial Law, Goteborg University.

Hadenius, S. (1992). Vulnerable Values in a Changing Political and Media

System: The Case of Sweden, Jay Blumler (ed.) Television and Public Interest, London: Sage.

Hajkowski, T. (2005). The BBC and national identity in Britain, 1922-55. Illinois: Northwestern University

Hall, S. (1977). Culture, the Media and the Ideological Effect, in J. Curran et al. (eds.), Mass Communication and Society, London: Edward Arnold.

_____ (1982). 'The Rediscovery of "Ideology": return of the repressed in media studies', in M. Gurevitch et al. (eds.) Culture, Society and the Media, London: Methuen.

_____ (1988). The hard road to renewal: Thatcherism and the crisis of the left. 임영호(역) (2009). 〈대처리즘의 문화정치〉. 서울: 한나래.

Hallin, D. (2000). 양은경·곽현자(역) (2002), 멕시코의 미디어, 정치권력, 그리고 민주화, 세계화와 미디어 연구, 서울: 커뮤니케이션 북스.

Hallin, D. & Mancini, P. (2004). Comparing media systems: Three models of media and politics. 김수정·정준희·송현주·백미숙(역) (2009). 〈미디어 시스템의 형성과 진화〉. 서울: 한국언론재단.

Hallin, D. & Papathanassopoulos, S. (2002). Political clientelism and the media: Southern Europe and Latin America in comparative perspective, Media Culture & Society, 24(2), 175-195.

Hanretty, C. (2010). Explaining the De Facto independence of public broadcasters. British Journal of Political Science, 40(1), 75-89.

Harvey, S. & Robins, K. (1993). The regions, the nations and the BBC: The BBC charter review series, UK: BFI publishing.

_____ (1994). Voices and places: The BBC and regional policy. The Political Quarterly, 65(1), 39-52.

Hearst, S. (1992). Broadcasting regulation in Britain. In J, Blumler (Ed.), Television and public interest. London: Sage.

Heller, C.(1978). Broadcasters and Accountability, Bfi Television Monograph3, London: British Film Institute.

Hibberd, M. (2001). The reform of public service broadcasting in Italy. 『Media, Culture and Society』, vol. 23, 233-252.

Hilliard, R. (1999). Erik Barnouw- A Man for all media: An Interview, Journal of Radio Studies. Vol. 6, No. 1.

Hirschman, A. (1970). Exit, Voice and Loyalty, Cambridge: Harvard University Press.

Hood, S. (1967). A Survey of Television, London: Heinemann.

_____ (1972). The mass Media, 이광재 (1974, 역). 유럽 매스콤 발달사, 서울: 일신사.

_____ (1980). On television (2nd ed.). London: Pluto Press.

_____ (1989 7. 13). Yesterday's man Reith. The Listener, pp. 18

Hood, S. & O'leary, G. (1990). Questions of broadcasting. London: Methuen.

Humphreys, P. (1996). Mass media and media policy in Western Europe. Manchester: St. Martin's Press.

Humphreys, P. (2012). A Political Scientist's Contribution to the Comparative Study of Media Systems in Europe: A Response to Hallin and Mancini, Just, N. & Puppis, M. (2012). Trends in Communication Policy Research, Bristol & Chicago: Intellect.

Hutchins Commission. (1947). Free and responsible press. 김택환(역) (2004). 〈자유롭고 책임 있는 언론: 허친스 보고서〉. 서울: 커뮤니케이션북스.

ISM. (1936). Report of the broadcasting committee, 1935. The musical times.

Jacka, E. (2003). "Democracy as Defeat" The Impotence of Arguments for Public Service Broadcasting, 『TELEVISION & NEW MEDIA』 Vol. 4

No. 2, May 2003 177 - 191.

Jacka, L. (2004). Doing the history of television in Australia: Problems and challenge, Continuum: Journal of Media & Cultural Studies, 18(1), pp.27-41.

Jones, N. (2016. 3. 15). Asa briggs obituary. Guardian.

Kaltenborn, H. (1935). An american view of european broadcasting, The Annals of the American Academy of Political and Social Science, 177, 73-80.

Katz, E. (1977). Social Research on Broadcasting Proposals for Further Development, London: BBC.

Keane, J. (1991). The media and democracy. London: Polity Press. 주동황·정용준·최영묵(역) (1995). 〈언론과 민주주의〉. 서울: 나남.

_____ (1992). Democracy and the media - Without foundations. Politi calStudies, 40(1), 116-129.

_____ (1995). Structural transformation of the public sphere. The Communication Review, 1(1), 1-22.

Kelly, M. (1983). Influences on Broadcasting policies for election coverage. In J. G. Blumer (Ed.), Communicating to voters(pp. 65-82). London: Sage.

Kirkpatrick, B. (2006). Localism in American media policy, 1920-34: reconsidering a 'bedrock concept'. Radio Journal, 4, 87-110.

Knights, P. (1967). Book Review, A Tower in Babel: A History of Broadcasting in the United States. Vol. I: "To 1933" by Erik Barnouw. Technology and Culture, Vol. 8, No. 4 (Oct., 1967), pp. 510-511.

Kuhn, R. (1985). France: The end of the government monopoly. In Raymond Kuhn (Ed.), The politics of broadcasting. London & Sydney: Croom Helm.

_____ (2005). Media management. In A, Seldon., & D, Kavanagh (Eds.),

The blair effect 2001-5(pp. 94-111). Cambridge: Cambridge University Press.

Lambert, S. (1982). Channel 4: Television with a difference?, London: bfi.

Larsen, H. (2010). Legitimation strategies of public service broadcasters: The divergent rhetoric in Norway and Sweden, Media, Culture & Society, 32(2), 267-283.

LeMahieu, D. (1998). Review 〈The History of Broadcasting in the United Kingdom Vol Ⅴ: Competition〉, Journal of British Studies, vol. 37, (no. 2).

Lewis, G. (2016). The Broken BBC, Monthly Review, Apr. 2016, 67(11), Social Premium Collection.

Lewis, P., & Booth, J. (1989). The Invisible Medium: Public, Commercial and Community Radio. London: Macmillan.

Lewis, Peter M. (1978). Whose media? : The Annan report and after : A citizen's guide to radio and television. London: Consumers' Association.

Lunt, P. & Livingstone, S. (2013). Media studies' fascination with the concept of the public sphere: critical reflections and emerging debates, Media Culture Society 2013, 35(1). 87-96.

MacDonald, B. (1988). Broadcasting in the United Kingdom: A guide to information source. London: Mansell.

Marico, H. & Tetsuya, S. (2011). 안창현 (2016, 역). 공영방송의 모델, BBC를 읽다, 서울: 한울 아카데미.

Maxcy, David. (1987). Book review. Head Sydney. World Broadcasting Systems: A Comparative Analysis (Belmont, California: Wadsworth, 1985), 457 pp.

McChesney, R. (1993). Telecommunications, mass media and democracy: The battle for the control of U.S. broadcasting, 1928-1935. New York: Oxford University Press.

McDonnell, J. (1991). Public service broadcasting: A reader. London & New York: Routledge.

McDowell, W. (1992). The history of BBC broadcasting in Scotland, Edinburgh: Edinburgh University Press.

McGuigan, J. (1995) A Slow Reach Again for Control‐ Raymond Williams and the Vicissitudes of Cultural Policy, European Journal of Cultural policy, vol. 2, no. 1. 105‐115.

_____ (1993) Reaching for Control‐ Raymond Williams an mass communications and popular culture, in Morgan, j. and Preston, P., (eds.), Raymond Williams‐ Politics, Education, letters, London: Macmillan.

McLuhan, M. (1962). Gutenberg Galaxy, 임상원 (2001, 역). 구텐베르크 은하계: 활자 인간의 형성, 서울: 커뮤니케이션북스.

_____ (1964). Understanding Media, 박정규 (1997). 미디어의 이해, 서울: 커뮤니케이션북스.

McIntyre, I. (1993). The expense of glory: A life of John Reith, London: Harper Collins.

McNair, B.(1994/2005, 5th.). News and journalism in the UK. 4th ed. London: Routledge.

McNight, D. (2012). Rupert Murdoch : An investigation of political power. 안성용(역) (2015). 〈루퍼트 머독: 미디어로 세계를 선동한 권력욕의 화신〉. 서울: 글항아리.

Medhurst, J. (2008). 'Minorities with a message': The beveridge report on broadcasting (1949‐1951) and Wales, Twentieth Century British History, 19(2), 217‐233.

_____ (2018). Mea Maxima Culpa: John Reith and the Advent of Television, Media History. 25(3), 292‐306.

Medina, M. & T, Ojer. (2010). The new spanish public service broadcasting model. Communicacion Y Sociedad, 23(2), 329-359.

Mills, T. (2016). The BBC: Myth of a public service. London: Verso.

Moe. H. & Syvertsen. (2008). Researching public service broadcasting, In Karin, Wahl-Jorgensen & Thomas, Hanitzsch. (Eds.), Handbook of Journalism Studies(pp. 398-412). London: Taylor & Francis.

Mughan. & Gunther. (2000). The media in Democratic and Nondemocratic Regimes: A Multilevel Perspective. In R, Gunther., & A, Mughan (Eds.), Democracy and the media: A comparative Perspective(pp. 1-27). Cambridge: Cambridge University Press.

Mulgan, J. (1991). Communication and control: Networks and the new economies of communication. New York & London: The Gulford Press.

Murdock, G. (1982). 대기업과 언론산업의 통제, 강상호 · 이원락 편역 (1986). 현대자본주의와 매스미디어, 서울: 미래사.

_____ (1990). Redrawing the map of the communications industries : Concentration and ownership in the era of privatization, In M. Ferguson (Ed.), Public Communication: The New Imperatives. London: Sage.

_____ (2005). Public broadcasting and democratic culture: Con sume-rs, citizens and communards. In J. Wasko (Ed.), A Companion to Television. 임동욱 외(역) (2011). 〈디지털 시대와 미디어 공공성〉. 서울: 나남.

Negrine, R. (1989). Politics and the mass media in Britain. London & New York: Routledge.

Newby, J. (1997). Inside broadcasting. London & New York: Routledge.

O'Connor, A. (1989). Raymond Williams on Television: Selected Writings, Routledge: London & New York.

O'mally, T. (1994). Closedown?: The BBC and government broadcasting po-
licy 1979-92. London: Pluto Press.

Oppenheim, J. (1987). Reviews of books: The first fifty years by Asa Briggs.
A Quarterly Journal Concerned with British Studies, 19(3), 490-491.

Owen, J. (1996). Crisis or Renewal? The origins, evolution and future of pu-
blic service broadcasting 1922 to 1996, doctoral thesis, Univ. of Westmi-
nster.

Pangsong, M. & Pincon-Charlot, M. (2011). (Le)president des riches. 장
행운(역) (2012). 〈부자들의 대통령〉. 서울: 프리뷰.

Paulu, B. (1956). British broadcasting: television and radio in the United
Kingdom. Minneapolis: University of Minnesota.

Paulu, B. (1981). Television and radio in the United Kingdom. London:
Macmillan Press.

Peacock, A. (2004). Public service broadcasting without the BBC?. 김대호
(역) (2006). 〈BBC 없는 공공서비스 방송은 가능한가?〉. 파주: 한울아
카데미.

Peck, R. (1983). Policy control - A case study: German broadcasting 1923-
1933. Media, Culture & Society, 5(3-4), 349-372.

PIlger, J. (2007). The Invisible Government, (http://www.coldtype.net/pil
gerbooks.html)

Podumljak. (2015). Media Clientalism Index 2015: Measuring Media Re-
alities. Fairpress.

Porter, V. & Hasselbach, S. (1991). Pluralism, Politics and the Marketplace:
The Regulation of German Broadcasting, London and New York: Rout-
ledge.

Potschka, C. (2012). Transnational relations between the BBC and the WDR
(1960-1969): The central roles of Hugh Greene and Klaus von Bismarck,

Journal of European Television history & Culture, 1(2).

Potter, J. (1988). Independent Television in Britain volume3: Politics and Control, 1968-80. London: Macmillan.

Prokopovic, A. & VUlic, T. (2015). Clintelistic relations and the media in transitional Serbia, TEME, г.XXXIX,6p. 4, октобар - децембар 2015, стр. 1563-1582.

Prosser, David (2018). Marconi propose: Why it's time to rethink the birth of the BBC, Media History, 2018.

Raboy, M. (1990). Missed opportunities: The story of Canada's broadcasting policy, Montreal: McGill-Queen's University Press.

Reith, J. (1924). Broadcast over Britain. London: Hodder and Stoughton limited.

_____ (1949). Into the Wind, London: Hodder & Stoughton.

_____ (1966). Wearing spurs. London: Hutchinson.

Richeri, G. (1980). Italian broadcasting and fascism 1924-1937, Media Culture Society 1980 2: 49.

Robson, W. (1935). The BBC as an Institution. The Political Quarterly, 6(4), 468-488.

Rolland, A. (2008). Norwegian Media Policy Objectives and the Theory of a Paradigm Shift, Journal of Communication 58 (2008). 126-148.

Roudakova, N. (2008). Media political clientelism: Lessons from anthropology. Media Culture & Society 2008, 30(1), 41-59.

Sabry, T. (2006). An Interview with Professor Paddy Scannell, Westminster Papers in Communication and Culture, Vol. 4(2): 3-23, 2007, Oxford, July 2006.

Sarnoff, D. (1968). Looking ahead: The papers of David Sarnoff. New York: McGrawhill Book Company.

Sassoon, D. (2006). The Culture of The Europeans. 오숙은 외(역) (2012).
〈유럽문화사 IV: 1920-1960〉. 서울: 뿌리와 이파리.

Scannell, P. (1989). Public Service broadcasting and modern public life.
Media, Culture & Society, 11(2), 135-166.

_____ (1993). The origins of BBC regional policy. In Harvey, S., &
Robins, K. (Eds.), The regions, the Nations and the BBC: The BBC
charter review series. UK: BFI publishing.

Scannell, P. (1990). Public service broadcasting : The history of a concept.
In A. Goodwin et al.(Eds.), Understanding Television. London: Routledge.

Scannell, P. (2002). History, media and communication, In K. B. Jenson.
(Ed.), A handbook of media and communication research(pp. 191-
205). London: Routledge.

Scannell, P. & Cardiff, D. (1991). A social history of British broadcasting.
Oxford: B. Blackwell.

Schlesinger, P. (1978). Putting Reality Together, London: Constable.

Schwarz, B. (1992). Review: A Social history of broadcasting and popular
television in Britain. Screen, 33(4)

Seaton, J. (2015a). Pinkoes and Traitors: The BBC and the nation, 1974-
1987, London: Profile Books.

_____ (2015b). Asa and the Epochs: The BBC, the Historian, the Insti-
tution and the Archive, Miles Taylor (2016). The Age of Asa Lord Brig-
gs, Public Life and History in Britain since 1945, London: Palgrave
Macmillan.

Shaw, T. (1995). Eden and the BBC During the 1956 Suez Crisis: A Myth
Re-examined, Twentieth Century History, Vol. 6, No. 3, 320-343.

Smith, A. (1973). The Shadow in the Cave: The broadcaster, His Audience,
and the State, Chicago: University of Illinois Press.

_____ (1979). Britain: The mysteries of a Modus Vivendi, In A, Smith (Ed.), Television and Political life, 1-40. London: Macmillan Press.

_____ (1995). Television as a Public Service Medium. In Anthony Smith (Ed.), Television: An International History. Oxford: Oxford Univ. Press.

Sparks, C. (1993). Raymond Williams and the Theory of Democratic Communication, Splical, S. & Wasko, J. (1993). Communication and Democracy, New Jersey: Ablex Publishing Corporation.

_____ (1995). The survival of the state in British broadcasting, Journal of Communication, 45(4), 140-159.

_____ (1998). Communism, capitalism and the mass media. London: Sage.

_____ (2008). Media systems in transition: Poland, Russia, China, Chinese. Journal of Communications, 1(1), 7-24.

_____ (2006). Sydney W. Head(1913-1991): Remembering the Founder of Modern Broadcasting Studies, Journal of Broadcasting & Electronic Media, September 2006.

_____ (2005). Erik Barnouw (1908-2001): Broadcasting's Premier Historian, Journal of Broadcasting & Electronic Media, September, 2005.

Streeter, T. (1996). Selling the air : A critique of the policy of commercial broadcasting in the United States. Chicago & London: The University Press of Chicago Press.

Syvertsen, T. (1992). Public television in transition: A comparative and historical analysis of the BBC and the NRK, KULT series no. 10, Oslo: Norwegian Research Council.

Taylor, M. (2016). Introduction: Asa Briggs and Public Life in Britain since 1945, The Age of Asa Lord Briggs, Public Life and History in Britain since 1945, London: Palgrave Macmillan.

The Annan Committee. (1977). Report of the committee on the future of bro-adcasting, London: HMSO.

The Beveridge Committee. (1951). Report of the broadcasting committee 1949 (Cmd 8116). London: HMSO.

The Crawford Committee. (1926). Report of The broadcasting committee 1925. (Cmd 2599). London: HMSO.

The Glasgow University Media Group. (1976). Bad News. Theory and So ciety, 3, 339-363.

The Labour Party. (1974). The people and the media: The report of a labour party study group on the relationships between the people, the press and broadcasting. London: The Labour Party

_____. (1982). Labour's programme. London & Westpool: MacDermont and Chant.

The Peacock Committee. (1986). Report of the Committee on Financing the BBC, (Cmnd 9824), London: HMSO.

The Pilkington Committee. (1962). Report of the committee on broadcasting (Cmnd 1753). London.

The Sykes Committee. (1923). The broadcasting committee report (Cmd 1951). London: HMSO.

The Ullswater Committee. (1935). Report of the broadcasting committee 1935. London: HMSO.

Tracey, M. (1998). The Decline and Fall of Public Service Broadcasting, Oxford: Oxford University Press.

Tunstall, J. (1983). The media in Britain. London: Constable and Company.

_____. (1986). Communications Deregulation: The Unleashing of America's Communications Industry. Oxford: Basil Blackweak.

_____. (1993). Television Producers, London and New York: Routledge.

Ullswater Committee. (1936). Report of the broadcasting committee 1935. London: HMSO.

Wagner, Hans-Ulrich (2015). Repatriated Germans and 'British Spirit': The transfer of public service broadcasting to northern post-war Germany (1945-1950). Media History. Vol. 21. no. 4. 443-458.

Waymark, P. (2005). Television and the Cultural Revolution: the BBC under Hugh Carleton Greene, Thesis presented for the degree of PhD, Department of History, Open University.

_____. (2011). Review 〈The BBC and National Identity in Britain, 1922-53 - By Thomas Hajkowski〉 History 96(323). The Journal of the Historical Association.

Wedell, E. (1968). Broadcasting and Public policy, London: Michael Joseph.

Weightman, G. (2003). Signor Marconi's Magic Box: How an amateur inventor defied scientists and began the radio revolution, 강창현 역 (2005). 마르코니의 매직박스, 서울: 양문.

White, L. (1947). The american radio: A report on the broadcasting Industry in the United States from the commission on the freedom of the press. Chicago: The University of Chicago Press

Williams, K. (1997/2010. second ed.). Get Me a Murder a Day!: A history of Media and Communication in Britain, London: Bloomsbury Academic.

Williams, R. (1983). Towards 2000, London: Hogarth Press.

_____. (1974). Television: Technology and cultural form. New York: Schocken Books. 박효숙(역) (1996). 〈텔레비전론〉. 서울: 현대미학사.

_____. (1962/1976, 3rd ed.). Communications, London: Penguin

Books.

_____. (1961). The Long Revolution, 성은애 옮김 (2007). 기나긴 혁명, 서울: 문학동네.

Ytreberg, E. (2002). Ideal types in public service television: paternalists and bureaucrats, charismatics and avant-gardists, Media, Culture and Society, vol. 24, 759-774.

찾아보기